Paul Roth

Dir gehört der Tag

Paul Roth

Dir gehört der Tag

Gebete aus dem Leben

:STYRIA

Die Deutsche Bibliothek – CIP-Einheitsaufnahme

Roth, Paul:
Dir gehört der Tag : Gebete aus dem Leben / Paul Roth. –
Graz ; Wien ; Köln : Verl. Styria, 1998
ISBN 3-222-12632-1

Umschlaggestaltung: Zembsch' Werkstatt, München
Druck und Bindung: Wiener Verlag, Himberg
ISBN 3-222-12632-1

Widmung:

Für unsere Söhne und Töchter:

Thomas, Andreas, Susanne, Katharina, Tobias

Für unsere Enkelkinder:

Karolin, Kristin, Karina, Kilian,
Florian, Sebastian, Julian

Inhalt

Vorwort

Gott ist nicht tot. Er kann gar nicht sterben. Im Sterben liegen nur die vielen falschen Vorstellungen, die wir Menschen uns von ihm gemacht haben.Gott ist jederzeit und überall zu sprechen. Dazu braucht es nicht immer der Worte. Auch unsere Handlungen und Haltungen können wie Worte sein, die wir an Gott richten.
So können wir überall beten, er hört uns immer: auf der Straße, bei der Arbeit, im Kino, beim Sport, im geselligen Beisammensein.
Doch es gibt Augenblicke, da verlangt das an Gott gerichtete Wort unsere ganze Zuwendung zu ihm. Es ist wie bei liebenden Menschen: Sie sind sich ihrer Liebe wohl bewußt. Doch es gibt Zeiten, wo sie einander diese Liebe sagen möchten. Und sie sagen sich dazu auch Vorwürfe und Klagen.
Aber immer klingt der eine Grundton mit: „Es ist gut, daß du da bist. Ohne dich kann ich nicht leben." Mit der Haltung liebender Menschen können wir auch Gott begegnen. Denn er hört uns immer.
Diese Gebetstexte sind nicht frei von Zweifeln, auch nicht von Widersprüchen. Denn so ist unser Leben. Sie enthalten auch Vorwürfe und Klagen. Doch sie sind getragen von der Überzeugung: „Es ist gut, daß du da bist, Gott. Du liebst mich. Ohne dich kann ich nicht leben."

Diese Gebete wollen Anregung sein, ganz persönlich mit Gott zu sprechen. Sie wollen nicht Fertiges vorgeben, sondern sie wollen weitergedacht und weitergesprochen werden. Zu lange haben wir uns auf alte Formeln verlassen. Dabei sind unsere persönlichen Erfahrungen und Erlebnisse, unsere Fragen und Zweifel auf der Strecke geblieben. Und unser Beten ist schal und dürftig geworden.

Jeder dieser Texte will in das persönliche Leben übersetzt werden; heute dieser, morgen jener. Doch einige Grundgedanken und Erlebnisse kehren in unserem Leben immer wieder. Oft gehen Gedanken über das Leben in Gebete über. Es ist wie bei Verliebten: Sie sagen einander immer dasselbe, aber sie sagen es immer in neuen Worten. Denn ihre Erfahrungen gehen weiter, das Leben bleibt nicht stehen.

Liebe verdorrt, wenn Menschen sich nichts mehr zu sagen haben. Und der Glaube verkümmert, wenn wir Gott nichts mehr zu sagen haben. Doch das Gespräch des Glaubens soll nicht verstummen, wir dürfen unser Leben vor Gott ausbreiten, jeden Tag.

Um dazu anzuregen, dafür ist dieses Buch geschrieben worden. „Denn dein ist der Tag und dein ist die Nacht, dein ist die Zeit und das Leben, o Gott."

Hinweis:

Die Gebete dieses Buches sind im Verlauf von vier Jahrzehnten entstanden und aufgeschrieben worden. Die meisten gehen auf meine beiden Bücher „Gott ist jederzeit zu sprechen" und „Gott ist immer noch zu sprechen" zurück, die vor vier Jahrzehnten im Echter-Verlag in Würzburg erschienen sind. Beide hatten zahlreiche Auflagen, wurden in mehrere Sprachen übersetzt. Seit langem sind sie vergriffen. Alle Gebete aus diesen beiden Büchern wurden neu bearbeitet und stark gekürzt. Denn es geht darum, heutige Lebenserfahrungen in der Weise des Gebetes auszudrücken.

ERSTES KAPITEL

Wer bist du, Gott?

Wie ist dein Name, Gott?

Wie viele Namen hast du, Gott?
Und welcher ist der richtige?
Soll ich dich Vater nennen?
Oder soll ich Mutter zu dir sagen?
Oder bist du der Herr und König?

Ich weiß, ich ahne es:
Alle Namen sind nur Bilder für dich,
sind Hilfswörter für Unbegreifliches.
Sie sagen etwas von dir aus,
aber noch mehr über unsere Vorstellungen.

Es gibt keinen Namen für dich,
der alles sagt, für alle Zeit und für jeden.
Jede Zeit und jeder Mensch
müssen deinen Namen neu finden.

Doch ich muß mit dir reden,
es drängt mich, dies zu tun.
Ich will dich mit einem Namen ansprechen,
nur die alten Namen sind mir fremd geworden.
Doch ohne Namen bist du mir fern,
wie eine Stimme am Telefon,
die „hallo" ruft.

Soll ich dich Vater nennen oder Mutter?
Oder bist du uns Bruder und Schwester,
Freund und Gefährte?
Oder darf ich ganz einfach nur „du" sagen?

Dann weiß ich dich neben mir,
in jeder Not und bei jeder Freude.
Ich muß doch mit dir reden,
denn ohne dich kann ich nicht sein.

Verblaßte Bilder

Die alten Bilder von Himmel und Hölle,
vom Hirten, dem alten bärtigen Gott,
von Heiligen und Schutzengeln
sind uns längst verblaßt.
Wir brauchen neue Bilder
von dir und deinen Geheimnissen.

Vielleicht haben wir uns zu sehr
an unsere Bilder geklammert,
als seien sie Fotografien.
Und haben nicht bedacht,
daß jedes Bild
seiner Zeit verhaftet ist;
daß du und deine Geheimnisse
nur umschrieben werden können.

Sieh an unsere Verwirrung.
Die einen haben mit den alten Bildern
dich und deine Geheimnisse fortgeworfen.
Andere klammern sich noch daran,
als seiest du selbst im Bild.
Und wieder andere
haben dich durch Formeln ersetzt.

Du bist in keine Formel zu fassen,
so wenig wie die großen
Geheimnisse des Lebens zu fassen sind:

Liebe und Tod,
Wahrheit und Glück,
Erlösung und Ewigkeit.
Doch suchen unser Auge
und unser Herz nach Bildern.
Darum schenke uns neue Bilder von dir,
nicht für die Ewigkeit,
sondern für unsere Zeit!

Wir brauchen eine neue Sprache

Wir haben Worte zu Schlagworten gemacht,
und aus Gebeten sind Formeln geworden.
Sie verbergen mehr als sie aussagen.
Sie sind wie Etiketten auf leeren Flaschen.
Sie bewegen mich nicht mehr,
viele schmerzen in den Ohren.

Gib uns eine neue Sprache, Gott,
um mit dir zu sprechen,
um mit den Mitmenschen zu reden,
um über dich zu sprechen.
Damit wir einander nicht
mit Worten hintergehen.

Gib unseren Worten von Liebe und Gerechtigkeit,
von Freiheit und Ordnung,
von Glaube und Wissenschaft,
von Gott und Ewigkeit
wieder einen Sinn.
Unsere Sprachverwirrung
ist ein Zeichen unserer geistigen Armut.

Im Namen des Friedens
werden Menschen umgebracht.
Im Namen der Liebe
treiben wir Pornographie.
Im Namen der Gerechtigkeit
werden Steine geschleudert.

Im Namen der Wissenschaft
wird Ideologie gelehrt.

Herr, wir brauchen Worte,
die verständlich sind und wahrhaftig;
Worte, die stimmen und überzeugen,
die uns und andere bewegen;
gesprochen von Menschen,
die um Wahrheit ringen.

Du bist das Wort des Lebens,
gib uns die Sprache wieder.

In jener Zeit

Ich kenne sie alle
die Berichte über dein Leben.
Nach der Anfangsformel „in jener Zeit"
schalte ich gerne ein wenig ab.
Ich habe nicht gelebt
in jener Zeit.

Aber wenn ich wirklich glaube,
daß du Gottes Sohn auf Erden warst,
daß deine Botschaft nicht nur
für die Zeitgenossen war,
daß du auferstanden bist,
daß du lebst –
dann sollte ich diese
drei Worte nicht irgendwo
in der Vergangenheit ablagern.

Dann sollte ich sie
immer wieder hervorholen,
sie daraufhin abhorchen,
was sie uns heute zu sagen haben:
Was müßte ich tun,
um sie mit Leben zu erfüllen,
heute in unserer Zeit?

Öffne du meine Ohren, mein Herz,
was du, der lebendige Gott,
unserem Jahrhundert sagen willst.
Gib mir ein hörendes Herz.

Was bin ich?

Wer ist eigentlich der richtige Christ,
so wie du ihn willst?
Der Konservative, der Progressive?
Wie und wer sollte ich sein?
Oder beschlagnahmen beide Richtungen
deinen Namen,
ohne ein Recht darauf zu haben?
Weil sie dich nach ihrem Bild formen?

Es wäre einfacher für mich,
wenn ich mich einsortieren könnte.
Aber das kann ich nicht.

Wenn konservativ bedeutet,
daß in der Kirche alles
so bleiben muß,
wie es seit Jahrhunderten war,
dann bin ich progressiv.

Wenn progressiv bedeutet,
man könne aus der Heiligen Schrift
für alle politischen Fragen
konkrete Lösungen herauslesen,
dann bin ich konservativ.

Herr, ich möchte bewahren und ändern.
Ich möchte glauben und handeln.
Lehre mich unterscheiden,

was Kern und was Schale,
was zeitbedingt und was ewig ist.

Vor allem aber lehre mich deine Liebe.
Denn sie müßte das Merkmal
aller Christen sein.
Bewahre mich davor,
dich nach meiner Vorstellung zu formen.
Forme du mich nach deinem Bild,
langsam und in kleinen Schritten.

Daran glaube ich

Ich glaube an den einen Gott,
der keinen Anfang hat
und kein Ende haben wird.
Aus dem Nichts hat Er
die Sterne und Sonnen,
die Erde und das Wasser
das Feuer und die Luft geschaffen.
Ich glaube nicht an einen „Zufall",
der das Weltall hervorgebracht hat.
Ich glaube nicht an eine ewige Materie.

Ich glaube, daß du uns Menschen schufst
nach deinem Bild,
damit wir die Erde behüten,
daß wir dir dienen.
Ich glaube nicht, daß wir Menschen
nur höher entwickelte Säugetiere sind:
Wir Menschen haben eine lebendige Seele.

Ich glaube, daß du die Welt liebst,
daß du uns alle beim Namen kennst.
Ich glaube nicht, daß du
hinter fernen Sternennebeln
die Menschheit vergessen hast,
daß es dir egal ist,
wie es uns Menschen geht.
Ich glaube nicht, daß du mit uns
nichts mehr zu tun haben willst.

Ich glaube, daß du uns
deinen Sohn geschickt hast,
als wir in Schuld fielen.
Er sollte uns gleich werden
und uns erlösen.
Ich glaube nicht, daß ein politischer Führer
oder eine Partei uns erlösen können.

Ich glaube, du hältst deine Hand bereit,
niemand kann uns von dir trennen.
Nur wir selber können es.
Ich glaube nicht an die albernen Worte,
daß nur das wirklich ist,
was man sehen, wiegen und bezahlen kann.

Ich glaube, daß das Leben
nur dann einen Sinn hat,
wenn der Tod nicht das Ende ist.
Ich glaube nicht, daß wir hier
für immer und ewig
glücklich sein können.

Ich glaube: Du, Gott,
bist die Wahrheit.
Du bist der Weg,
du bist das Leben,
du bist die Liebe vor allem.

Zahlen für Menschen

Zwischen Zahlen und Statistiken,
zwischen Computern und Netzwerken
bekommen wir Angst,
wir Menschen könnten
zu Nummern werden,
namenlos und gesichtslos.

Laß uns, unser Schöpfer, begreifen,
daß unsere komplizierte Gesellschaft
Zahlen, Computer und Schaltpläne braucht.
Laß uns aber auch dafür kämpfen,
daß sie nur Werkzeuge bleiben,
in der Hand von Menschen
und für Menschen.

Gib, daß unsere Namen
wichtiger bleiben als alle Nummern,
daß hinter allen Zahlen
verständlich und sichtbar
immer Menschen stehen,
einmalige und unwiederholbare
Geschöpfe Gottes.

Der Schritt ins Weltall

Was die Menschheit einmal geträumt hat,
ist Wirklichkeit geworden.
Sie hat den Schritt ins Weltall getan.
Raumschiffe von Menschenhand
umkreisen die Erde,
schicken ihre Bilder aus dem All.
Du allein weißt, ob die Geschichtsbücher
diese Taten einst preisen oder verfluchen werden.
Denn nun können Menschen auch
schreckliche Waffen die Erde umkreisen lassen.

Herr, du hast einst geboten:
„Macht euch die Erde untertan!"
Wir Menschen haben
tiefe Schächte in die Erde getrieben,
haben Gipfel bestiegen,
Meere überquert, die Luft erobert.
Nun ist uns die Erde zu eng geworden.

Menschen haben Flüsse umgelenkt,
Atome gespalten und Atomkerne verschmolzen
und künstlichen Regen produziert.
Erst bei Vulkanausbrüchen
und Flutkatastrophen
besinnen wir uns, daß wir
nicht allmächtig sind.

Gib, daß jede neue Entdeckung,
jedes entschleierte Geheimnis,
jede Botschaft aus dem All
uns demütig macht.
Daß wir sie als Hinweis auf dich,
unseren Schöpfer, deuten.
Denn jede Entdeckung,
jede Tür ins Unbekannte
zeigt uns, daß dahinter
immer neue Geheimnisse auf uns warten.

Wenn wir bereit sind,
unsere Entdeckungen
und alle unsere Forschungen
in den Dienst der göttlichen Ordnung
zu stellen,
dann werden auch die Sterne
von Menschenhand dem Frieden
auf der Erde dienen.

Zweites Kapitel

Zwischen Morgen und Abend

Ein Tag bricht an

Noch ist es dunkel,
aber mein Wecker hat geklingelt.
Ich muß aufstehen,
um einen Tag zu beginnen,
der grau und alltäglich vor mir liegt.

Herr, erst wenn die Dunkelheit weicht,
wenn die ersten Strahlen der Sonne
ins Zimmer fallen,
bekommen wir neuen Mut.
Auch ich zünde meine Hoffnung
am Sonnenlicht an.

Es waren nicht die schlechtesten Menschen,
die die Sonne als Gott verehrten,
deren Wärme das Leben hervorbringt.
Auch für uns ist die Sonne
ein Sinnbild deiner Herrlichkeit.
Sie vertreibt die Nacht,
bringt uns Licht und Wärme.

Herr, sei du mir die Sonne dieses Tages,
der gerade heraufdämmert.
Laß mich warm werden an deiner Liebe.
Mache mich selber hell,
daß ich dein Licht
weiterstrahle auf andere Menschen.

Gehe du heute über unserer Stadt auf,
über Straßen und Plätzen,
über Geschäften und Behörden,
über Gerechte und Ungerechte.
Denn unsere hellsten Neonröhren
und die grellsten Reklamen haben
unsere Stadt weder zu einer Stätte
der Erleuchtung
noch zu einem Ort der inneren Wärme gemacht.

Der Tag bricht an.
Herr, sei du das Licht
aller meiner Tage.
Dann fürchte ich weder
den Morgen noch den Abend.
Denn du kennst keinen Untergang,
du bist Anfang und Ende
und wieder neuer Anfang.

Morgengebet

Ich will ehrlich und redlich
denken, reden und handeln.
Ich will meine Wünsche prüfen,
ob sie deinem Willen entsprechen.
Ich will mehr an die anderen denken.
Steh mir bei.

Ich will mich informieren,
bevor ich urteile und entscheide.
Ich will zuhören,
wenn andere mir etwas sagen.
Ich will meine Meinung vertreten,
auch wenn es mir schadet.
Steh mir bei.

Ich will keinen schlechtmachen,
der eine andere Meinung hat.
Ich will keinem Unrecht zustimmen,
auch nicht, wenn es mir nützt.
Ich will niemanden nötigen,
gegen sein Gewissen zu handeln.
Steh mir bei.

Ich will arbeiten,
um etwas fertigzubringen, zu verbessern.
Ich will ändern,
was ich als falsch erkenne.

Ich will mich erholen,
aber nicht auf Kosten anderer.
Steh mir bei.

Ich will Zeit haben,
wenn jemand mich braucht.
Ich will helfen,
auch jenen,
die mir unsympathisch sind.
Ich will, daß dieser Tag
dein Tag wird.
Steh mir bei.

Jeder Tag braucht Worte

Auch der Tag, der jetzt beginnt,
braucht Worte des Grußes, des Dankens,
Worte der Zustimmung und der Ablehnung,
vor allem Worte der Besinnung.

Wir leben und denken,
entscheiden und beten.
Wir strafen und lieben –
in Worten und mit Worten.

Worte können verbinden,
helfen und heilen.
Sie können trennen,
verwunden und töten.
Sie können lehren und mahnen,
lügen und verführen.

Habe ich ein Wort gesagt,
so habe ich keine Macht mehr darüber.
Es lebt sein eigenes Leben,
ist nicht mehr zu fassen.

Gib mir Worte des Lebens,
daß ich am Abend dieses Tages
keines bereuen muß.

Du hast mich gehört

Herr, heute ist ein Tag,
da scheint meine
Zunge gelähmt zu sein
und meine Seele zu schlafen.
Das Gespräch mit dir lockt mich nicht.
Ich fürchte, ein solcher Tag ohne Gebet
könnte mir gefallen und mir einflüstern:
„Zum Beten muß man Lust haben!"

Mein Gott, es ist nicht wahr,
daß nur jene Gebete
zu deinem Ohr dringen,
die uns leicht über die Lippen kommen.
Wenn wir nur dann beten würden,
wenn wir Lust dazu haben,
dann wäre das Gebet wie
ein vergnügliches Schwätzchen.
Dann wärest du ein bedauernswerter Zuhörer.

Darum will ich es gerade heute versuchen.
Vielleicht bieten mir Erlebnisse des Tages
Gedanken und Worte für ein Gebet.
Mein Versuch ist mißglückt.
Lustlos fügte ich Worte hintereinander.
Ich habe festgefügte Gebetstexte
über meine Zunge geschickt.
Aber keine Saite meiner Seele hat geklungen.

Herr, darum will ich nun so handeln,
wie Verliebte es tun,
die sich zu bestimmter Stunde
verabredet haben;
die aufeinander warten,
wenn der andere ausbleibt;
die einander genug sind,
ohne ein Wort zu sprechen.

So will auch ich auf dich warten,
will dir mein Schweigen schenken.
Und ich bin sicher,
du hast mich heute gehört und erhört hast,
auch wenn ich kein Wort von dir
erlauschen konnte.

Ein Tag aus lauter Stücken

Heute war ein Tag aus lauter Stücken,
die nicht zusammenpassen.
Ich habe wohl nichts Böses getan.
Aber mir ist, als könnte ich
nach einem solchen Tag
nicht ruhig ins Bett gehen.
Der Tag ist nicht rund geworden,
er hat kein Gesicht bekommen.

Jedes Stück vom Tag
könnte ich wie eine Scherbe wegwerfen,
ohne daß etwas fehlt.
Und doch habe ich mich bemüht,
immer gerade das zu tun,
was mir als notwendig erschien.
Ich hätte es so gerne,
wieder einmal einen Tag zu haben,
den ich fertig aus der Hand geben,
den ich dir übergeben kann.

Herr, vielleicht sind aber solche Tage,
die mir gelungen erscheinen,
in deinen Augen nur Trödel.
Ich weiß es nicht.
Lehre mich, was ich alles
zur Seite schieben muß,
um eine Sache fertigzubringen.

Lehre mich, wann die Liebe befiehlt,
lauter kleine Stücke zusammenzusuchen.
Setzt du die Scherben dieses Tages zusammen,
so wie ich mit meinen Kindern
ein Puzzle zusammensetze?
Vielleicht erkenne ich dann,
wo ein Stück meines Tages
in deiner Schau seinen Platz hat.

Der Tag geht zu Ende

Meine Hände sind müde,
meine Füße sind schwer,
die Augen fallen mir zu.
Der Tag geht zu Ende.
Du gibst mir ein Zeichen,
aufzuhören und schlafen zu gehen.

Herr, ich danke dir für dieses Zeichen,
das mich an meine Grenzen erinnert.
Es ist schön, die Müdigkeit
eines Arbeitstages zu spüren.
Ich bringe sie dir dar
mit aller Last und Freude.
Ich lege sie für eine Nacht nieder.

Herr, ich freue mich auf den Schlaf,
nicht nur, weil er neue Kraft bringt.
Deine Liebe wollte, daß Schlaf mehr ist,
daß wir ganz bei uns sein dürfen,
daß der eifrig rechnende Verstand
und die ängstliche Sorge
ebenfalls zur Ruhe kommen können.

Meine Kinder schlafen schon
in ihren Bettchen, ruhig und tief.
Ihre kleinen Hände haben
das Spielzeug losgelassen,
bis sie es am Morgen wiederfinden werden.

So will auch ich jetzt alles
aus meinen Händen legen,
um es deinen Händen anzuvertrauen.

Du hast im Boot auf stürmischer See
ruhig geschlafen.
Du hast die Jünger gescholten,
als sie dich weckten.
Fahre auch mit uns im schwankenden Boot,
schenke uns das Vertrauen zu dir.
Denn deine Liebe schläft nicht.

Die kleinen Dinge des Alltags

Herr, der Zeitgeist im Mediengewand tut so,
als bestünde das Leben nur aus großen Ereignissen:
aus Kriegen und Katastrophen,
aus Königshochzeiten und Prinzessinnenaffären,
aus Staatsfeiertagen und Wiener Hofball.

Aber mein Lebensweg ist gepflastert
mit kleinen und alltäglichen Ereignissen.
Ich gebe zu, wir verachten die kleinen Dinge.
Wir möchten statt des Alltags
Feiertage, Feste, Feten.
Jeden Tag möchten wir etwas feiern,
der Alltag ist uns zu alltäglich.
Die Feste, die Sonntage sollen
nicht mehr Höhepunkte oder Pausen sein,
sondern eine Art permanenter „Kick".

Herr, es ist an der Zeit,
den Alltag wieder ernst zu nehmen,
mit allen Mühen und Pflichten.
Ich kann nicht „ja" zum Sonntag sagen,
wenn ich „nein" zum Alltag gesagt habe.
Dein Sohn hat unter einfachen Leuten
den Alltag gelebt und geheiligt.
Deine Heiligen sind nicht nur
Päpste und Könige gewesen,
sondern meistens „kleine Leute".
Sie sind über Weniges treu gewesen.

Gib, daß ich das Tagewerk von
Millionen einfacher Menschen
nicht geringschätze.
Am Abend legt sich die Welt zum Schlaf,
ohne etwas zu ahnen von den Opfern des Alltags,
die arbeitende Hände dir dargebracht haben.
Am Morgen erwacht sie
und weiß nichts vom Gebet,
das von den kleinen Leuten
in der Nacht zu dir geschickt wurde.

Gib, daß ich einst deine Worte hören darf:
„Du guter Knecht.
Über Weniges bist du treu gewesen,
über Vieles will ich dich setzen.
Geh in meine Freude ein!"

DRITTES KAPITEL

Im Lauf der Jahre

Kein Augenblick kehrt zurück

Herr, meine Uhr hat mich erschreckt.
Mit ihren Zeigern rechnet sie mir
die Sekunden, die Minuten, die Stunden
meines Lebens vor.
Und nimmt sie mit in die Ewigkeit.
Kein Augenblick kehrt zurück,
daß ich ihn noch einmal leben könnte.
Nur meine Reue kann ich
jenen Augenblicken meines Lebens
hinterherschicken,
die ich nutzlos vertan habe.

Die Zeigefinger der Uhr
wandeln langsam ihr Rund,
den Tag in Stücke zerlegend.
Und jedes Stück hat seinen Platz:
die Zeit der Ruhe,
die Zeit der Arbeit,
die Zeit der Besinnung.
Alles hat seine Zeit:
das Reden und das Schweigen,
das Dulden und das Kämpfen,
das Fordern und das Geben.

Lehre mich, wann ich schweigen soll
und wann ich reden muß,
wann ich mich öffnen soll
und wann ich mich verschließen muß.

Denn man kann auch Richtiges
im falschen Augenblick
sagen, tun und fordern.

Der kleinste Augenblick
schleppt die Zukunft hinter sich her.
Ein Unheil, in Sekunden angerichtet,
kann manchmal nicht mehr geheilt werden.
Das Glück eines einzigen kurzen Augenblicks
kann ein ganzes Leben überstrahlen.
Ein Wort zur rechten Zeit,
ein schweigender Händedruck,
ein Kuß, ein Gebet
können ein ganzes Leben ändern.

Herr, das Richtige
im rechten Augenblick zu erkennen
und aus Liebe zu tun,
das erbitte ich mir von dir.

Ein Kind schaut mich an

Mit großen Augen schaut mich ein Kind an.
Seine Hilflosigkeit rührt mich,
ich werde ihm helfen, werde ihm raten.
Es ist die Sehnsucht von Eltern,
ihren Kindern durch Rat und Vorbild
Enttäuschungen im Leben zu ersparen.

Noch etwas spüre ich
beim Anblick des Kindes:
einen gewissen Neid.
Ich möchte noch einmal
von vorn anfangen können.
Mir wird bewußt, was ich
in meinem Leben falsch gemacht habe.
Ich weiß, es geht nicht.
Das Blatt meines Lebens wird
nie mehr ganz weiß sein.

Du hast gesagt:
Wer das Reich Gottes
nicht annimmt wie ein Kind,
wird nicht hineinkommen!
Wenigstens in diesem Sinn
muß ich noch einmal klein werden.

Wenn ich einem Kind in die Augen schaue,
sehe ich sie weit geöffnet,
wie Tore der Seele.

Es verschließt sich noch nicht,
es ist bereit, aufzunehmen;
es ist noch demütig.
Kinder sind keine kleinen Engel,
aber sie haben Demut.
So forderst du von uns
ein Bereitsein und Demut.

Du wurdest als Kind geboren,
um uns zu erlösen.
Sicher hätten auch wir
dich nicht erkannt,
weil wir Gott keine solche Demut zutrauen.
Hilf mir, ein Kind Gottes zu sein.

Bei der Arbeit

Herr, du weißt es, ich arbeite gern.
Nicht nur, weil Arbeit bezahlt wird,
weil ich eine Familie habe.
Nein, weil ich Freude daran habe,
wie unter meinen Händen etwas wird.

Hab Dank für diese Freude:
über den selbst gebackenen Kuchen,
das selbst gebaute Haus,
das selbst geschriebene Buch.
Du hast uns den Eifer gegeben,
etwas zu schaffen.
Ohne dieses Geschenk wären wir
zu Fronsklaven geworden.

Dein Sohn hat, als er hier lebte,
Jahrzehnte mit seinen Händen
sein Brot verdient,
bevor er deine Botschaft verkündete.
Der Gottessohn als Handarbeiter
war kein Zufall, er ist uns Vorbild.

Natürlich habe ich es manchmal satt,
wenn es Streit gibt;
wenn man eine Arbeit tun muß,
von der man nichts sieht,
für die einen niemand lobt.

Laß es mir aber nie in den Kopf kommen,
nur den bestbezahlten Job zu suchen,
ganz egal, woran und wofür ich arbeite.

Bewahre mich vor ungerechten Arbeitgebern,
vor mißgünstigen Kollegen,
vor einer Arbeit, die mich erdrückt.
Vor allem bewahre mich vor Arbeitslosigkeit.
Denn du hast uns geschaffen
als Mitarbeiter und Mitgestalter
deiner Welt,
nicht bloß als Zuschauer.

Ich mache Pause

Herr, wir haben alle keine Zeit mehr,
angefangen beim Generaldirektor
bis hin zum einfachen Arbeiter.
Wir machen ständig etwas;
und im Urlaub sammeln wir Kraft,
um danach wieder keine Zeit zu haben.

Herr, die Zeit ist dein Geschenk.
Du hast unser Leben in Grenzen gespannt,
in denen wir arbeiten,
ruhen, Pause machen:
für meine Familie,
für einen Nachbarn,
für mich selber.
Auch Pausen für dich,
in denen ich ein kurzes Gebet spreche,
die Verbindung zu dir aufnehme,
mich auf den Sinn des Lebens besinne,
dir für deine Liebe danke.

Herr, was uns fehlt,
ist nicht die Zeit.
Es ist die Vernunft
und es ist die Liebe.
Schenke sie uns neu.
Wer liebt, der hat Zeit
oder er nimmt sich Zeit.

Der gibt jedem Augenblick
der Arbeit, der Freizeit,
vor allem der Ruhe
ihren Wert und Sinn zurück.
Pausen können dein Angebot sein.

Im Wartezimmer des Arztes

Herr, eigentlich hielt ich es
für selbstverständlich,
gesund zu sein,
keine Schmerzen zu haben.
Darum vergaß ich auch,
dir dafür zu danken.
Ich vergaß auch die Leidenden
in Familien und Spitälern.

Jetzt hast du es zugelassen,
daß ich krank geworden bin.
Der Schmerz hat mich
zum Arzt getrieben.
Nun habe ich auf einmal Zeit,
über mich nachzudenken,
mich zu besinnen.
Ich merke auf einmal,
daß es auch ohne mich geht.
Die Firma macht deswegen nicht Pleite.

Die Wissenschaft hat wieder erkannt,
was einmal allgemein bekannt war
und dann verdrängt worden ist:
Zwischen der Gesundheit des Leibes
und der Seele besteht
ein geheimnisvoller Zusammenhang.
Schuld kann einen Menschen
körperlich und seelisch zerstören.

Du läßt Krankheiten zu.
Vielleicht willst du uns erinnern,
daß wir keine Götter sind,
sondern Menschen mit Schnupfen,
mit Kreislaufstörungen und mit Krebs;
daß wir der Erlösung bedürfen
an Seele und Leib.
Als Jesus über unsere Erde ging,
hat er nicht nur gepredigt
und Sünden vergeben,
sondern auch Kranke geheilt.
Er hat selber gelitten.

Wenn ich aber nicht gesund werde,
will ich daran denken,
daß du dem Leid
seine Sinnlosigkeit genommen hast.
Im Leiden, im Schmerz
hast du uns erlöst.

Es kommt der Tag

Einst wird kommen der Tag,
an dem ich mein Leben
aus der Hand geben muß;
wo ich nichts mehr hinzutun,
nichts mehr wegtun kann.
Meine letzte Stunde.

Muß ich diese letzte Stunde fürchten?
Da ich einsam sein werde,
allein mit meinem Leben,
angesichts des Todes?
Welche Wege wolltest
du mich führen?
Und welche Wege bin ich gegangen?
Was ist geblieben von dem,
was ich getan habe?
Sind meine Hände leer?
Ich kann nichts mehr ändern.

Herr, es gibt keinen Abgrund,
aus dem nicht ein Weg
führen kann zu dir.
Zeige mir diesen Weg.
Es ist noch nicht zu spät.
Noch geht es um dieses Dasein,
dann aber um das ewige Leben,
wenn mein letzter Tag kommt.

Viertes Kapitel

In Angst und Not

Wovor ich Angst habe

Wir leben in einer Welt,
in der du ein Fremder geworden bist.
Man spricht zwar noch von dir,
um dich für irgend etwas zu nutzen,
aber nicht mehr, um auf dich zu hören.

Was ist, wenn du unser müde wirst?
Weil wir uns selber zerstören
und so tun, als wären wir die alleinigen Herren,
die deine Worte nicht mehr brauchen.

Weil sie dich nicht mehr anrufen,
weil du lästig werden könntest
mit irgendwelchen Geboten.
Weil sie für dich keinen Platz
mehr haben in ihren Hirnen und Konten.

Die sich ihre Gesetze
über Leben und Tod,
über Ungeborene und Sterbende
zurechtmachen als Gebrauchsanweisungen
zur Wohlstandsbewahrung.

Vielleicht werden sie einmal
nach langer Zeit
wieder nach dir rufen.
Wenn das Werk ihrer Hände
in den Händen der Kinder zerfällt.

Es muß eine kleine Herde bleiben,
die die Erinnerung wachhält:
Es gab einmal einen Gott,
der uns geschaffen und geliebt hat.
Es gibt ihn noch: Er lebt!

Sag es doch

Wie macht man das:
Fröhlich sein und lachen,
wenn man weiß,
daß jeden Tag
Menschen geschändet werden?

Wie macht man das:
Traurig sein und weinen,
wenn man glaubt,
daß Gott jeden
von uns liebt?

Wie lebt man das:
Fröhlich oder traurig sein,
wenn man weiß und glaubt,
ohne zu heucheln,
ohne gleichgültig zu sein?

Wie hast du es gemacht,
du Gott und Mensch?
Und wie kann ich es
dir nachmachen?
Sag es doch!

Es geht nicht nur
um meinen Seelenfrieden.
Es geht um deine Geschöpfe
und den Glauben an dich,
den einen Gott der Liebe.

Aus tiefer Not

Mein Gott, hast du uns verlassen?
Wir rufen zu dir aus tiefer Not,
da sich Völker abschlachten,
Völker und Nationen,
die an einen Gott glauben,
den sie barmherzig nennen.

Was sollen wir tun?
Können wir nur zuschauen,
nur noch beten,
den Überlebenden helfen?
Können wir Partei ergreifen
für eine Seite?
Oder fachen wir dann den Brand
zur gewaltigen Feuersbrunst an,
die Millionen von Menschen verschlingt?

Mein Gott, unser Gott,
warum läßt du uns allein?
Du hörst es doch,
wie die Kämpfenden behaupten,
sie stritten für eine „heilige Sache".
Barmherziger Gott, erbarme dich!

Das Leid anderer

Keiner von uns will leiden.
Wir wollen glücklich sein.
Du hast uns so erschaffen.
Du bist nicht der Schöpfer
von Krankheit und Not,
von Krieg und Tod.

Du hättest uns anders
erlösen können,
ohne Geißel und Kreuz.
Wenn du das Kreuz genommen hast,
bleibt nur eine Erklärung:
Es gibt keine größere Liebe,
als das Leid anderer zu tragen.

Wenn wir dir folgen
auf deinem Weg,
dann wollen wir alles tun,
um das Leid von anderen Menschen
zu überwinden, zu beseitigen.

Das heißt aber auch,
Leid auf sich zu nehmen
für andere.
Das heißt,
fremdes Kreuz zu tragen,
so wie du es getragen hast.

Christsein erspart nicht die Angst

Immer wieder in meinem Leben
habe ich Angst gehabt:
Angst um mich selber,
Angst um andere.
Die Angst war mir Warnung,
so wie der Schmerz.

Auch du hast Angst gehabt,
als du am Ölberg betetest.
Du hast uns nicht versprochen,
uns vor Angst zu bewahren.
Du hast uns – trotz aller Ängste –
die Freiheit versprochen.

Christsein heißt nicht,
daß uns Angst erspart bleibt.
Angst ist eine Naturgegebenheit.
Christsein bedeutet,
daß wir Angst bestehen können,
weil wir an einen liebenden Gott glauben.

Herr, du bist unsere letzte Instanz,
allmächtig und allgütig.
Die Ehrfurcht vor dir
darf nicht verwechselt werden
mit der Angst vor Gott.
Denn Gott ist die Liebe.

Dein Reich komme

Wie oft schon habe ich gebetet:
„Dein Reich komme!"
Habe uns gewünscht,
daß du kommst und
dein Reich aufrichtest.

Ich bin enttäuscht von allen Versuchen,
ohne dich ein Reich der Gerechtigkeit
und der Liebe zu errichten.

Ich war verzweifelt,
wenn Eifer und Opfer,
wenn eigene Mühen wie Wasser
im Sande versickert sind.
Ich bin zornig über Krieg und Not,
über Vergewaltigung von Völkern und Menschen.

Enttäuscht, traurig und hoffend
haben sicher einst die Jünger gebetet:
„Nun komm doch endlich
mit deinen Heerscharen
und erlöse uns in Glanz und Herrlichkeit."
Wir müssen dich mißverstanden haben.
Aber eine Lektion haben wir gelernt:
Allein können wir das Reich
der Gerechtigkeit und Liebe nicht bauen.
Schon tritt die Versuchung zu uns:

„Gott, mache es allein,
du brauchst uns nicht dazu."

Schicke uns deinen Heiligen Geist,
daß wir die zweite Lektion lernen:
Wir können dein Reich nicht erzwingen.
Aber dein Reich hat überall begonnen,
wo Menschen deine Liebe leben.
Und dein Reich wächst, wo deine Liebe
durch uns die Welt heller macht.

Wenn du einst kommst
und dein Reich errichtest,
wirst du uns fragen,
wie einst die Knechte im Gleichnis:
„Ihr habt um mein Reich gebetet.
Was habt ihr dafür getan?"

Fünftes Kapitel

Glück und Freude

Unsere tägliche Freude

Himmlischer Vater, gib uns heute
unsere tägliche Freude.
Denn unser tägliches Brot,
unser täglicher Kaffee,
unsere täglichen Zigaretten
reichen nicht aus,
unseren Hunger nach Freude zu stillen.
Auch ein Eis oder ein Schnäpschen,
eine Show im Fernsehen
sind uns nicht genug.

Schenke uns jeden Tag
ein wenig Freude,
denn kaufen kann man sie nicht.
Schicke uns jemanden mit einem
kleinen Lächeln über den Weg.
Laß einen lange erwarteten Brief kommen,
einen geliebten Menschen gesund werden,
ein Mißverständnis sich aufklären.

Zeige uns jeden Tag etwas Schönes:
eine blühende Blume,
einen tapferen Menschen,
eine gute Tat,
daß wir davon froh werden.
Du wolltest, daß Freude mehr ist
als Genuß und Spaß.

Sie ist das Glück über
das Gute, das Schöne, das Vollkommene.
Sie ist das Finden des Guten in den Dingen,
die Einsicht in den Sinn des Daseins.
Freude ist letzten Endes das Wiederfinden
deiner Spuren, o Gott:
im Gesicht eines Menschen,
im Glanz eines Sees,
im Bogen eines Bauwerkes.
Freude ist die Freude an dir, mein Vater.

Ohne dich gäbe es keine Freude,
gäbe es keine frohe Botschaft.
Wer sollte sich überhaupt noch freuen dürfen,
wenn nicht wir, die wir in dir
einen allmächtigen und allwissenden,
einen liebevollen Vater haben?

Wir reden viel von Freude

Du bist der Gott der Freude,
des Lebens und der Liebe.
Lehre uns die richtige Freude,
wir finden sie so selten.

Das Gute ist manchmal hart,
doch nichts anderes
schenkt uns jene Freude,
die den Augenblick überlebt.
Es genügt nicht,
gegen das Böse zu sein.
Davon wird niemand froh.
Hilf uns, den Mitmenschen
Freude am Guten zu machen.
Daß sie begreifen,
das Böse zerstört sie selber.

Erleuchte Eltern, Lehrer und Priester,
daß sie Kinder nicht nur dazu erziehen,
das Böse zu meiden.
Gib ihnen die Fähigkeit, daß sie ihnen
Freude am Guten machen.
Du willst nicht,
daß unser Leben
ein Gesetzbuch von Verboten ist.
Du hast uns in der Moral und Ethik
Wegweiser aufgestellt,
um uns vor dem Bösen zu warnen,
um uns die Freude zu bewahren.

Laß uns ab und zu lachen

Lieber Gott, oft ist es üblich,
todernst von dir zu sprechen.
Und radikale Christen sind oft
todtraurige Gestalten.

Mir ist es unheimlich,
daß die Erlösten so unerlöst leben.
Darf denn wirklich nicht gelacht werden,
wenn von der Kirche und von dir
gesprochen wird?
Worüber könnte man sich mehr freuen
als über dich, der du uns liebst?

Geben wir Christen nicht genug Anlaß,
um über uns selber zu lachen?
Gelächter könnte befreiend sein.

Ich weiß, es gibt Krankheit,
Elend, Ausbeutung, Krieg.
Da bleibt mir das Lachen
in der Kehle stecken.
Darf ich aber deswegen
überhaupt nicht mehr lachen?
Lasse ich die Opfer
mit meinem Lachen im Stich?

Lieber Gott, laß mich
ab und zu lachen.
Laß auch die Prediger,
die Mahner und Kritiker
ab und zu lachen.
Laß mich ab und zu auch
über mich selber lachen.

Du willst glücklich machen

Herr, wo kann ich dich finden.
Ich kenne alte Antworten:
Im Leid und im Kreuz.
Bist du nur der Kreuzträger?
Bist du nicht auch der Auferstandene?

Du hast Kranke geheilt,
du hast eine frohe Botschaft gebracht.
Du hast das Kreuz getragen,
um Erlösung zu bringen.
Du hast versprochen,
einst jede Träne abzuwischen,
uns glücklich zu machen.

Herr, dann mußt du auch
zu finden sein in der Freude,
im Glück, in der Liebe.
So will ich dich
auch dort suchen.
Auch wenn ich weiß,
daß das volle Glück,
ein Glück ohne Ende,
erst bei dir zu finden sein wird.

Du willst nicht
ein Gott der Tränen sein.
Du bist ein Gott des Glücks und der Freude.

Fahr mit in meinen Urlaub

Wenigstens einmal im Jahr
möchte ich die Wohnungstür
für ein paar Wochen abschließen,
um in Urlaub zu fahren.
Ich möchte aufstehen,
wann es mir behagt;
möchte in der Sonne liegen,
den Sand durch die Finger rinnen lassen,
Museen, Kirchen und Paläste bestaunen.

Ich möchte einmal wieder
richtig Vater sein,
mit meinen Kindern spielen,
mit meiner Frau spazieren gehen.
Ich möchte ein Buch lesen,
das keine Fachlektüre ist.

Fahr mit in meinen Urlaub,
ans Meer oder in die Berge.
Sei bei uns,
ganz gleich, wo es hingeht.
Ich will nicht nur heraus aus dem Trott.
Ich will Ruhe,
um deine Worte lauter zu hören.
Vielleicht kann ich dann
auch wieder besser beten.

Laß mich spüren,
daß du immer Zeit für uns hast,
daß ich nicht nur Sonne und Wind brauche,
sondern vor allem
die Sonne und den Hauch
deiner Liebe.

Deine Welt ist schön

Wenn ich so im Gras liege,
über mir am Himmel Lämmerwölkchen,
rundherum roter Mohn, gelbe Butterblumen,
krabbelnde Käfer, summende Bienen,
dann staune ich über deine Phantasie,
Du Schöpfer der Welt.

Wie viele Farben hat deine Palette?
Wie viele Arten hast du entworfen?
Wie viele Formen hast du gestaltet?
Berge in glitzerndem Eis,
smaragdgrüne Seen, bunte Wiesen,
dunkle Wälder, einsame Wüsten.

Hätten wir Menschen
Pflanzen und Tiere entworfen,
gäbe es nur Nutztiere und Normgewächse.
Weiter hätte unsere Phantasie nicht gereicht.
Wären Künstler am Werk gewesen,
sie hätten alles barock oder surrealistisch,
picassohaft oder postmodern gemacht.

Deine Phantasie war und ist unerschöpflich.
Sie läßt mich staunen und ehrfürchtig werden.
Es ist, als hätten deine Hände
ein heiliges Spiel gespielt,
zu unserer Freude, für unser Glück.

Wie ein Prisma bricht die Schöpfung
das Licht deiner Herrlichkeit,
in vielen Farben und Formen.

Ihren vollen Anblick könnten wir
weder erfassen noch ertragen.
Noch sehen wir wie in einem Spiegel
eine große Verheißung.
Wie herrlich wird es einst bei dir sein!

Nur dir kann ich es sagen

Herr, es gibt Augenblicke,
da möchte ich nicht nur
danken und bitten.
Da möchte ich dir etwas sagen,
was ich sonst keinem sagen kann.

Warum?
Vielleicht, weil ich einem
Menschen begegnet bin,
der deine Schöpferhand
in Schönheit, in Wissen und Können
erahnen ließ?
Vielleicht, weil heute
alles so hell zu sein scheint?
Vielleicht hast du mich angerührt?
Ich weiß es nicht.

Herr, was aber kann ich nur dir sagen?
Daß ich dich liebe?
Meine Liebe habe ich auch schon
Menschen erklärt.
Daß ich dich aus ganzem Herzen,
aus ganzer Seele, aus ganzer Kraft liebe?
Ich wage es nicht,
denn das ist ein Wunsch,
um dessen Verwirklichung
ich dich erst bitten muß.

Oder soll ich sagen,
daß ich deine Werke bewundere,
daß ich dafür danke?

Herr, jetzt weiß ich,
was ich nur dir sagen kann:
Du bist mein Schöpfer,
bist mein Erlöser.
Du bist Gott,
der mich liebt
Das kann ich
zu niemandem sonst sagen.

SECHSTES KAPITEL

Was wir brauchen

Komm, Heiliger Geist!

Komm, Heiliger Geist, erleuchte uns:
die Gläubigen und die Agnostiker,
die Schwarzen und die Roten,
die Armen und die Reichen,
die Analphabeten und die Professoren.
Daß wir wieder lernen,
Gutes vom Bösen zu unterscheiden,
Wahres vom Falschen zu trennen,
Wichtiges vom Nebensächlichen
zu befreien.

Denn Kleinkram füllt unsere Hirne,
die großen Dinge verstauben
auf dem Speicher.
Werte sind auseinandergelegt worden,
Begriffe wurden verschmiert,
Maßstäbe sind verbogen.
Verbrechen nennt sich oft
Staatsnotwendigkeit.
Das Laster sei Privatsache.
Lügen dienen der Agitation und der Reklame.

Komm, wirf Licht auf unsern Weg,
den Nebelschwaden verhüllen.
Stärke uns, den richtigen Weg
mutig, geduldig und opferbereit zu gehen.
Denn er ist lang
und wir stürzen oft.

Wir nehmen Deckung,
wenn jemand uns angreift.
Wir wollen auf alle Fälle
unsere Haut retten.

Gib, daß wir den Weg gemeinsam gehen,
mit Freunden und Gefährten,
daß wir uns gegenseitig stützen,
daß wir gemeinsam bei dir ankommen,
daß uns die Gebete jener begleiten,
die den Weg bereits gegangen sind.

Erfülle unsere Herzen nicht nur
mit brennender Suche nach Wahrheit
und dem vollen Leben.
Entzünde in uns auch dein Feuer,
daß wir selber zum Licht werden,
das anderen leuchtet,
das sie wärmt und tröstet.
Vielleicht können wir so
das Antlitz der Erde erneuern.

Um Heilige

Herr, woher sollen wir sie nehmen?
Nicht nur die guten Facharbeiter,
die Computerspezialisten,
die fähigen Politiker,
die findigen Journalisten?
Oder besser gesagt:
heilige Facharbeiter,
heilige Computerspezialisten,
heilige Politiker?
Wir brauchen sie so dringend.

Denn die Spezialisten und die Journalisten,
die Politiker und die Manager
können zwar den Lebensstandard heben,
sich für Gerechtigkeit einsetzen.
Können sie aber die Menschen bessern?
Solange Geld und Macht
eine Hauptrolle spielen,
werden die Menschen verkümmern.
Einen Wandel können uns nur
jene Menschen bringen,
die aus der Nächstenliebe leben. –
Das sind die Heiligen.

Herr, lehre uns die Liebe!
Denn wir leben in einer Zeit,
da Reden und Schriften,

Gesetze und Reformen
nicht mehr ausreichen,
um die notwendigen Wahrheiten
verständlich und lebendig zu machen,
die unser Volk retten könnten
vor einem verheerenden Egoismus.

Du hast uns keine Schablone
für die Heiligkeit gegeben:
Wir sind weder zu Klostermauern
noch zum Geißeln oder Dauerfasten verpflichtet.
Deine Kirche feiert heilige Bettler und Könige,
Ehefrauen und Klosterfrauen,
Arbeiter, Gelehrte und Kinder.
Jeder war anders,
hatte andere Gnaden und andere Schwächen.
Gleich war nur eines:
die selbstlose Liebe.

Herr, wegen zehn Gerechter
wolltest du Sodom und Gomorrha verschonen.
Es gab sie nicht.
Wie viele Heilige müßten es wohl sein,
um unser Volk zu retten?
Vielleicht fehlt nur einer?
Vielleicht fehle gerade ich?

Ich spüre meine Ohnmacht

Es gibt Tage, da spüre ich meine Ohnmacht
bis zur Verzweiflung.
Ich habe mich für etwas eingesetzt,
es ging über meine Kräfte.
Ich bin für eine Sache eingetreten
und überstimmt worden.
Ich wollte die Welt verbessern –
und bin selber nicht besser geworden.

Mein Mut und mein Eifer
haben schwache Füße bekommen.
Ich fürchte den Mißerfolg schon,
bevor ich etwas beginne.
Natürlich war es oft Eigenliebe,
die Bestätigung suchte.
Ich wollte recht behalten,
anderen und mir beweisen,
wie tüchtig ich bin.
Ich bin gedemütigt worden.

Mein Gott, ohne Erfolg
kann auf Dauer niemand leben.
Auch der Christ braucht
ab und zu ein Zeichen,
daß er sich nicht vergeblich
um eine bessere Welt müht.
Vielleicht sollte ich bescheidener sein.

Aber rundherum wimmelt es nur so
an gigantischen Plänen.

Laß mich nicht kleinmütig werden.
Gib mir wenigstens ab und zu
einen kleinen Erfolg,
damit ich es wieder versuche.
So wie du es seit Jahrtausenden
mit der Welt und uns versuchst.
Mach mich frei von dem Wunsch,
für jede Leistung gelobt zu werden.
Schicke mir einen Freund,
der mich tadelt und lobt.
Und gib mir den Geist
der Demut, zusammen mit dem Eifer.
Das Zeichen deines Erfolges
war erst nach dem Kreuz
die Auferstehung.

Rette die Liebe

Du hast uns geschaffen
als Mann und Frau.
Du wolltest, daß wir uns lieben
mit Leib und Seele.
Segne unsere Liebe,
nicht nur die platonische,
sondern auch die geschlechtliche.

Bewahre uns
vor den Verächtern des Leibes,
die meinen, dir sei
mit Sexualität und Erotik
ein bedauerlicher Irrtum unterlaufen.
Befreie uns von jenen Moralaposteln,
die in jeder Umarmung
eine teuflische Versuchung wittern.

Bewahre uns aber auch
vor Redakteuren und
Fernsehmoderatoren,
für die die Liebe
eine unverbindliche Gymnastik ist,
die der Entspannung
und Unterhaltung dient.
Sie vergiften die Liebe.
Sie vergiften das Leben.

Lieber Gott, rette für uns die Liebe.

Wiedervereinigung im Glauben

Jesus, beim letzten Abendmahl
hast du gebetet,
daß deine Anhänger eins seien.
Seitdem bieten wir Christen
der nichtchristlichen Welt
immer wieder ein klägliches Beispiel
von Hader und Haß.

Es ist nicht die Schuld anderer,
daß die Einheit nicht geglückt ist.
Es ist unsere Schuld,
die wir auf die Wahrheit gepocht
und die Liebe vernachlässigt haben.

Wir führen keine Kriege mehr
um des wahren Glaubens an dich.
Wir kommen uns langsam näher.
Aber wie viele Generationen
werden noch vergehen,
ehe wir dein Gebot erfüllen?

Wann wird es wieder so sein,
daß die Nichtchristen sagen können:
„Seht, wie sie einander lieben".
Es wird sich nichts ändern,
wenn wir es nicht ändern,
wenn wir uns nicht ändern.

Erlöse uns von unserer Schuld,
beende die Spaltung.
Sammle die Deinen,
daß wir geeint im Glauben
und in der Liebe dir dienen
und den Menschen dieser Welt.

Brauchst du mich?

Warum, mein Gott,
kann ich nicht leben ohne dich?
Warum bleibt ohne Freude,
was ich genieße ohne dich?
Warum bleibt ohne Liebe,
was ich ergreife ohne dich?
Warum reichen mir Erfolg,
Gewinn und Beifall nicht?

Was ich versuchte ohne dich,
wurde mir schal und glanzlos.
Es wurde wie Staub an den Händen,
wie Asche im Wind.
Manchmal wünschte ich,
frei zu sein von dir,
so zu tun, als hättest du
in meinem Leben nichts zu suchen.
Hältst du mich so fest,
weil du mich brauchst?
Weil du mich liebst?
Manchmal meine ich,
du bist wie ein Eifersüchtiger.
Warum, mein Gott,
liebst du mich eigentlich?

Spurensuche

Unselig sind jene,
die nicht auf Spuren achten,
weil ihre Wege alle
betoniert sind.

Unselig sind jene,
die Spuren finden,
aber nicht danach fragen,
wer sie hinterlassen hat.

Unselig sind jene,
die niemals wagen,
Spuren nachzugehen,
um deren Ursprung zu entdecken.

Unselig sind jene,
die keine Fragen stellen,
weil eine Antwort
sie aus der Spur werfen könnte.

Unselig sind jene,
die nur der eignen Spur
im Kreise folgen und dies
für Wahrheitssuche halten.

Unselig sind jene,
die nie darüber nachgedacht haben,
woher wir kommen:
das Weltall, die Erde, wir Menschen.

SIEBENTES KAPITEL

Für Nächste und Ferne

Du bist kein Privatgott

Warum bete ich eigentlich „mein Gott"?
Du bist doch nicht mein Privatgott.
Du bist doch der Gott aller:
Du bist unser Gott.
Du bist auch der Gott jener,
die dich nicht kennen,
die dir einen anderen Namen geben,
die dich leugnen.

Tue ich Unrecht,
wenn ich bete: „Mein Gott"?
Ich tue Unrecht,
wenn das heißen soll:
Du bist nur für mich da.
Du stehst mir näher als anderen.
Meine Gebete haben Vorrang!

„Mein Gott" bedeutet für mich:
Du bist für mich nicht fern.
Du kennst mich bei meinem Namen.
Nur darf ich dabei nicht so tun,
als gäbe es nur mich und dich.
Du kennst alle Menschen mit Namen.
Du liebst alle, auch jene,
die dich leugnen, auch jene,
die dich noch nicht kennen.

Der Kollege ist mein Nächster

Oft ist es leichter,
einen Notleidenden,
einen Kranken zu lieben,
dessen Elend das Herz rührt,
als den Kollegen am Arbeitsplatz.

Ich kann die Kollegen nicht auswählen.
Mein Beruf zwingt mich,
einen Teil meines Lebens
mit Menschen zu verbringen,
die mit mir arbeiten.
Manchen mag ich nicht.
Mancher wirft mir Knüppel
zwischen die Beine.

Gib mir die Geduld,
ihre Schwächen zu ertragen.
Wie auch ich erwarte,
daß sie mich ertragen.
Laß mich gute Kollegen finden,
die fair sind und hilfsbereit.

Nächstenliebe heißt ja auch,
als Kollege und als Vorgesetzter
fair und hilfsbereit zu sein.
Gib uns Vorgesetzte,
die mich nicht herumkommandieren.

Und gib mir die Kraft,
keinem Kollegen zu schaden,
keinen Untergebenen zu drangsalieren.
Damit auch im Betrieb
in kleinen Zeichen der Hilfe
etwas vom Gebot der Nächstenliebe
sichtbar wird.

Die Allernächstenliebe

Lieber Gott, am einfachsten
ist wohl die Fernenliebe.
Man liebt Hungernde und Kranke
in fernen Erdteilen mühelos
durch eine Geldspende.
Man braucht sie nicht anzufassen,
hört nicht einmal ihre Klagen.

Viel schwieriger scheint mir
die Liebe zu jenen zu sein,
die uns jeden Tag begegnen
und auf die Nerven gehen.
Und am schwierigsten ist zumeist
die Liebe zu den Allernächsten,
den Verwandten und Angeheirateten.

Die kennen wir seit Jahr und Tag.
Wir können nicht sagen:
„Verschwindet, laßt uns in Ruhe!"
Denn sie sind uns beigegeben.
Und sie kennen uns,
unsere Stärken und Schwächen.

Sind es wirklich die Fehler
der Allernächsten,
die es uns schwermachen?

Sind es nicht auch eigene Fehler,
die sie kennen,
für die wir uns schämen?
Ist es vielleicht Neid,
daß einer es weiter gebracht hat,
als ich selber?
Laß uns bei der Allernächstenliebe
mit einer Selbstbesinnung beginnen:
Bin ich eigentlich liebenswert
für die anderen, die Allernächsten?

Sie können sich nicht wehren

Kein Tag vergeht ohne Mord und Totschlag,
ohne Tötung Hilfloser und Wehrloser.
Seit Jahrtausenden gibt es unschuldige Opfer.
Die Tötung von Millionen erregt
die Öffentlichkeit,
wenn sie Opfer von Krieg oder Hunger sind.

Herr, es schweben jedoch jeden Tag auf der Welt
Tausende in Lebensgefahr.
Nicht ein Krieg oder der Hunger bedroht sie.
Mitten in unseren Städten und Dörfern,
im Leib ihrer Mütter
sind werdende Kinder vom Tod bedroht.
Sie sind schutzlos gefangen,
können sich nicht wehren,
können nicht einmal um Hilfe schreien.
Die Rechtsprechung vieler Staaten
zählt viele Rechtfertigungen auf
für die Tötung Ungeborener.

Doch sie sind lebendig,
sie sind beseelt.
Darum kümmert man sich wenig.
Sie sind noch keine Arbeitskräfte,
keine Steuerzahler, keine Wahlbürger.
Niemand weiß, was sie einst
hätten werden können,
wenn sie nicht getötet worden wären.

Was für einen Platz in deiner Welt
hattest du für sie bestimmt?

Herr, rate uns, welche Worte
wir sagen sollen oder müssen,
wenn es um diese hilflosen Stummen geht.
In manchen Städten gab es Glocken,
die geläutet wurden,
wenn ein Kind zur Welt kam.
Wie viele Glocken müßten täglich läuten,
wenn für jedes abgetriebene Kind
auch nur einmal die Glocke ertönte?
Laß uns nicht mitschuldig werden
an der Massentötung von werdendem Leben.

Diejenigen, die heute über das Leben
dieser Wehrlosen entscheiden,
könnten morgen auch über das Leben
der wehrlosen Alten bestimmen.

Für die Kinder

Ich bitte dich für die Kinder,
die von ihren Eltern
als unerwünschte Liebesfolge,
als Einkommensverminderer
beiseite geschoben werden.
Ich bitte dich für Kinder,
die nicht geliebt werden,
weil ihre Eltern nie geliebt haben.
Ich bitte dich für Kinder,
die von den Eltern manipuliert werden,
zu künftigen Konsumenten
oder zu Revolutionären.

Ich bitte dich für Kinder,
die keine Zeit zum Spielen haben,
weil ihre Eltern das Spiel
als Zeitvergeudung betrachten,
weil sie zu früh mitarbeiten müssen.
Ich bitte dich für Kinder,
die wegen ihrer Herkunft
benachteiligt sind,
die hungern und frieren,
die Kriege erleben,
die wehrlos der Welt
der Erwachsenen ausgeliefert sind.

Ich bitte dich für die Kinder,
die Gott nie lieben lernen,

weil sie selber nie geliebt worden sind.
Deren Eltern den Glauben an Gott
als Erziehungsmittel zum Bravsein
benutzt haben.
Ich bitte dich für Kinder,
die zur Unmündigkeit,
aber nicht zur Selbständigkeit
erzogen worden sind.

Jesus, erbarme dich,
der du selber einst
ein Kind gewesen bist.

Unsere Welt gibt sich jung

Eine alte Frau hat sich das Leben genommen.
Ihr Abschiedsbrief enthielt keine Anklage,
nur Worte der Einsamkeit,
die um Verständnis und Verzeihung bitten.

Unsere Zeit gibt sich jung.
Was alt ist, scheint uninteressant,
scheint überholt zu sein.
Und wer alt ist,
soll sich mit seiner Rente begnügen.

Ich bitte für alle Alten,
daß sie nach einem Leben voller Arbeit
nicht jeden Pfennig umdrehen müssen.
Daß tüchtige Ärzte ihnen helfen,
auch wenn sie nur Kassenpatienten sind.

Ich bitte darum,
daß sie einen Platz
in der Familie haben
und nicht ins Altersheim abgeschoben werden.
Daß Kinder und Enkel
ihre Leiden und Marotten
ertragen und mittragen,
daß sie einen Platz im Leben behalten.

Ich bitte um eine Welt und Gesellschaft,
die auch von den Alten zu lernen versucht,
die Junge und Alte umfaßt und versteht.

ACHTES KAPITEL

Dafür und dagegen

Ein paar Ja oder Nein

Solange ich lebe,
muß ich mich entscheiden,
muß Stellung nehmen,
ja oder nein sagen.
Da gibt es die großen Entscheidungen:
für einen Beruf,
für einen Lebensgefährten,
für eine politische Richtung;
und schließlich für dich.

Aber nicht nur an den Kreuzwegen
des Lebens muß ich entscheiden,
sondern jeden Tag,
wo es nur um einen Einkauf,
einen Film, eine Zeitung,
einen Witz geht.

Hab Dank, mein Schöpfer, daß ich
die Lebensweichen mitstellen darf,
daß ich keine Marionette bin.
Oft habe ich Angst vor Entscheidungen,
ich versuche mich vorbeizudrücken.
Ich warte, bis andere entschieden haben,
über eine Frage und über mich.

Vergib, Herr, wenn ich
deine Freiheit nicht genutzt habe.
Wenn ich bei einer Entscheidung

nur nach dem Erfolg für mich
geschielt habe,
wenn alle anderen
mir gleichgültig gewesen sind.
Lehre mich, daß jede Entscheidung
zugleich Verzicht bedeutet,
Verzicht auf einen anderen Weg,
auf eine andere Lösung.

Entscheidung und Verzicht
sind nicht nur eine Privatsache.
Sie stellen auch die Frage danach,
welche Entscheidung
in deinen Augen richtig ist.
Komm mir zu Hilfe,
daß ich das Rechte erkenne.
Gib mir den Mut, es zu wählen
und auf alles andere zu verzichten.

Gebet dagegen

Wer für etwas betet,
betet gleichzeitig gegen etwas.
Wer um Frieden bittet,
betet gegen den Krieg.
Wer für Verfolgte bittet,
betet gegen die Verfolger.
Wer um Wahrheit betet,
betet gegen Verbreiter von Lügen.

Ich bitte nicht um den Tod jener,
die Recht und Freiheit
mit Füßen treten,
die Lügen verbreiten,
die Kriege entfesseln.
Ich bitte zuerst darum,
daß sie ihr Unrecht einsehen,
daß sie sich ändern.

Aber ich bin kein Träumer.
Ich weiß, nur wenige sind bereit,
sich zu ändern.
Darum muß ich widerstehen
um der Schwachen willen.
Dazu erbitte ich deine Hilfe.
Denn die Einsicht von Fanatikern
läßt sich nicht erzwingen.

Herr, du bist allwissend und allmächtig.
Befreie jene von ihrem Irrglauben.
Wecke in allen die Einsicht,
daß wir nur gemeinsam überleben können.
Doch wenn sie sich nicht ändern,
wenn sie nicht zur Umkehr bereit sind,
dann nimm ihnen Einfluß und Macht,
dann demütige sie.
Und falls ich selber dazugehöre,
dann demütige auch mich.

Für und gegen den Frieden

Ein Zeitungsfoto zeigt Soldaten
mit der Waffe in der Hand beim Gebet.
Herr, soll ich mitbeten
oder muß ich schweigen?
Jedes Gebet sollte heute beginnen
mit der Bitte um Frieden,
um ein Ende des Blutvergießens,
daß die Zeit naht,
wo Schwerter zu Pflugscharen werden.

Friede ist aber doch mehr
als das Schweigen der Waffen.
Friede kann Friedhofsruhe,
kann Vergewaltigung sein.
Darum bitte ich nicht
um irgendeinen Frieden,
sondern um einen gerechten Frieden,
der Haß und Unrecht eine Ende setzt.

Wie aber kann ich beten,
wenn kein solcher Friede
in Aussicht ist?
Soll ich dann schweigend zuschauen?
Oder soll ich um den Sieg
jener Seite beten,
deren Sache mir gerecht
zu sein scheint?

Wie viele Kriege
hat die Menschheit erlebt,
da auf beiden Seiten Menschen
für ihre „gerechte Sache“
töteten und starben?
Da auf beiden Seiten
deine Hilfe und der Sieg
erbeten wurden?

Herr, sieh unsere Not
und unsere Verwirrung.
Ich bitte um einen Frieden
der Versöhnung und der Gerechtigkeit.
Ich bete gegen einen Frieden
der Vergewaltigung und des Unrechts.
Ich bitte um einen Sieg
der Vernunft und der Barmherzigkeit.

Wo etwas los ist

Überall, wo etwas los ist:
eine Revolution, eine Fürstenhochzeit,
ein Kapitalverbrechen, ein Vulkanausbruch.
Da sind Reporter dabei, sie halten das Geschehen
in Wort, Ton und Bild fest.

Hab Dank, Herr, daß wir teilnehmen dürfen
an der kleinen und großen Geschichte.
Daß andere für uns Auge und Ohr sind,
daß sie weder Mühe noch Gefahr scheuen,
um uns zu unterhalten, zu unterrichten.
Denn es ist nicht egal,
was irgendwo auf der Welt passiert.
Sie ist so klein geworden.

Rette uns aber vor den Reportern Satans,
die nur den Müll zusammensuchen.
Rette uns vor den Schlüsselloch-Voyeuren,
die unter und in die Betten kriechen.
Laß die Linsen der Kameras erblinden,
die sich auf Sterbende und Verzweifelte,
auf Selbstmörder und auf Verrückte richten.
Bewahre uns vor den Schmierfinken,
die nicht die volle Wahrheit,
die ganze Wirklichkeit berichten,
sondern nur das, was sich gut verkaufen läßt.
Bewahre uns vor käuflichen Schreiberlingen,
die für Geld jeglichen Unsinn behaupten.

Schenke uns mutige Frauen und Männer,
die bereit sind,
für Wahrheit und Wirklichkeit
Leib und Leben einzusetzen.
Gib ihnen klare Begriffe,
einfache Formulierungen.
Vor allem aber gib uns Verleger,
die solche Berichterstatter
nicht schlechter bezahlen
als die Müllsammler und Schmierfinken.

Mach uns Mut, ab und zu
den guten und ehrlichen Journalisten
mit Gewissen zu danken.
Damit sie wissen, daß sie nicht
umsonst geschrieben und kommentiert haben.
Und du, Herr, erbarme dich ihrer,
sie haben einen harten Job.

Lehre uns, wie man streitet

Dein Hauptgebot lautet: Liebe.
Gottesliebe, Nächstenliebe.
Darf darum nicht gestritten werden?

Gestritten wird zwischen Staaten,
Völkern, Gruppen, Menschen,
zwischen Kirchen und in der Kirche.
Christus hat mit Pharisäern
und Sadduzäern gestritten,
die Apostel taten es untereinander,
Heilige haben gestritten.

Kann Streit nicht ein Schritt
zur Wahrheit sein?
Vorausgesetzt, es wird
um die Sache, um die Wahrheit
und nicht um die Durchsetzung
von Machtansprüchen gestritten.

Herr, bewahre uns vor
Manipulation durch Feindbilder,
die man sich künstlich gemacht hat,
die dem Gegner bösen Willen,
Dummheit und Machtgier zuschreiben,
weil er anderer Meinung ist.

Bewahre uns aber auch davor,
Schmusebilder zu entwerfen,
Unwahrheiten zu übergehen,

Böses zu billigen,
um Sieger im Streit zu werden.

Herr, lehre uns das Streiten;
aber den Streit, dem es um
Wahrheit und Wirklichkeit geht;
der darüber nicht vergißt,
daß Liebe dein Hauptgebot ist.

Für die Pharisäer

Daß du uns vor den Feinden
der Freiheit beschützen,
daß du deine Kirche
vor Verleumdungen bewahren,
daß du uns vor Kriegshetzern,
vor Käufern und Verkäufern
von Ehre und Gewissen,
vor Lüge und Verführung bewahren mögest.
Darum bitten wir dich, Herr,
doch damit sind unsere Bitten nicht erschöpft.

Herr, es wäre so einfach,
wenn immer nur die anderen schuld wären
und nicht wir,
die wir an dich glauben,
und zur Kirche gehen.
Du siehst hinter die Fassade
manch christlicher Ehe,
wo man die Treue hoch einschätzt,
aber vergessen hat, daß man sich einmal
Liebe gelobt hat.
Liebe, die auch zur Verzeihung bereit ist.
Du siehst hinter die Wände
manch frommen Hauses,
wo man wenig von Demut verspürt.

Du siehst, wie so manch Frommer
seine Nachbarn und Kollegen beschimpft,
sie verleumdet und übers Ohr haut.

Wie manchem das Herz hüpft,
wenn er eine handfeste Schlechtigkeit
eines anderen erfährt,
statt darüber in Tränen auszubrechen.
Sie halten sich alle für rechtschaffene Leute
und sind doch Pharisäer.

Gehen wir nicht oft an Mitmenschen vorbei,
die unter die Räuber gefallen sind,
wie der Mann auf dem Weg nach Jericho?
Sicher hat der Levit den Räubern geflucht
und dich um Schutz vor ihnen angerufen.
Vielleicht hat er sogar ein Gebet
für den Überfallenen gemurmelt?
Aber geholfen hat er nicht.
Und er hatte wahrscheinlich dabei
sogar ein gutes Gewissen.
Herr, erbarme dich unser.
Der Pharisäer lebt immer noch,
auch unter uns Christen.

NEUNTES KAPITEL

Ich klage mich an

Ich habe Böses getan

Ich habe Böses getan.
Du hast Böses getan.
Er hat Böses getan.
Sie hat Böses getan.
Wir haben Böses getan.
Ihr habt Böses getan.
Sie haben Böses getan.

Und weil alle Böses tun,
weil keiner ohne Schuld ist,
bin ich ganz normal.
Und weil andere noch Schlimmeres tun,
bin ich besser als sie.
Ich bin eigentlich ganz gut.

So kann ich laut sagen:
Du hast Böses getan.
Er hat Böses getan.
Sie hat Böses getan.
Ihr habt Böses getan.
Sie haben Böses getan.

Danach schweige ich.
Aber das ist meine große Schuld.

Peinliche Gewissenserforschung

Ich habe mich geärgert,
gleich früh beim Aufstehen.
Daraufhin habe ich den Schuldigen gesucht.
Ich sichtete bereits erledigte Fälle,
fand Berge verwertbaren Ärgers.
Ich brauchte sie nur aufzuwärmen
und schon hatte ich Schuldige:
meine Frau, meine Kinder;
die Autofahrer, die Radfahrer,
den Chef, die Kollegen,
die Politiker, die Zeitungsschreiber.

Schließlich habe ich sogar dich,
unsern Gott, mehr oder weniger
kollektiv mitbeschuldigt.
Denn du hättest mir ja den Ärger
fernhalten können.
So wurde ich meines Ärgers fast froh,
weil ich mir vorkam
wie ein unschuldig Verfolgter.
In dieser Opferrolle war ich auch bereit,
allen zu verzeihen.
Aber keiner kam,
um meine Verzeihung zu erbitten.

Herr, ich bekenne, daß ich die Schuld
an meinem Ärger, an Not und Laster
immer nur bei anderen gefunden habe.

Daß mein Lastenausgleich des Gewissens
jede Schuld auf andere verteilt hat,
um selber blütenweiß zu sein.
Ich habe mich für besser gehalten
als alle meine Mitmenschen.
Und jeden Tag hat mir
die Zeitung bestätigt,
daß ich besser bin.
Denn so etwas,
wie ich es dort lese, tue ich nicht.

Solange ich meine Schuld
weder einsehe noch zugebe,
kannst du mir nicht vergeben.
Und solange alle andern
Ärgernis geben, nur ich nicht,
wird sich nichts ändern.
Herr, sei mir armem Sünder gnädig.

Flucht vor der Gegenwart

Ich klage mich vor dir an,
Altes krampfhaft festgehalten zu haben,
ohne es kritisch zu prüfen;
Neues begeistert übernommen zu haben,
ohne es genau anzusehen.

Ich klage mich vor dir an,
Fehlentscheidungen meines Lebens
als unvermeidlich
gerechtfertigt zu haben.
Ich klage mich an,
die Zukunft als Experimentierfeld
betrachtet zu haben,
ohne zu bedenken,
daß mit Menschen experimentiert wird.

Ich klage mich vor dir an,
daß ich die Schuld an der Vergangenheit,
die Verantwortung für die Gegenwart
anderen, denen da oben,
daß ich die Zukunft dir zugeschoben habe.
Ich klage mich an,
keine Verantwortung gewollt zu haben
und jede Reue zu verweigern.

Liebe als Beiwerk?

Mein Gott, ich klage mich an,
weil meine Liebe oft nur
Gefühl war oder Rührung.
Daß meine Liebe darum
oft nur kurzlebig war,
weil mich ein neues Gefühl erfaßte.

Ich klage mich an,
daß meine Liebe
Unterschiede gemacht hat
zwischen jenen,
die mir nützlich sind,
und jenen,
die mir Unbehagen bereiten;
weil sie andersdenkend,
häßlich und ungebildet
oder sogar vorbestraft sind.

Ich klage mich an,
daß meine Liebe
nicht Mittelpunkt und Wegweiser
meines Lebens gewesen ist,
sondern nur Beiwerk und Gelegenheitsprodukt.

Ich klage mich an,
daß ich geglaubt habe,
ohne wirklich zu lieben.
An meinem Leben hätte
niemand erkennen können,
was Christsein bedeutet.

Auf krummen Wegen

Es fällt mir schwer, umzukehren,
wenn ich zehn falsche Schritte
gemacht habe.
Es fällt mir schwer, zu widerrufen,
wenn ich Unsinn geredet habe.
Es fällt mir schwer, umzukehren,
um Verzeihung zu bitten.
Ich müßte mich demütigen
und neu beginnen.

Mit kleinen Schwächen begann es.
Dann folgte Schritt auf Schritt:
„Das machen andere auch."
So gewöhnte ich mich daran.
Dann kam die Feigheit,
es sei sowieso zu spät.

Vater, halte mich an,
mit sanfter Gewalt.
Gib mir Demut und Mut zur Umkehr.
Mach meine krummen Wege wieder gerade.
Gib meinen Schritten
eine neue Richtung,
hin zu dir.

Lehre mich Ehrfurcht

Alle Welt gibt Anweisungen
für gutes Benehmen:
In dicken Büchern,
in Zeitschriftenartikeln.
Sogar im einstigen Sowjetreich
wurden Bücher veröffentlicht,
wie man sich benimmt,
unterhält, wie man ißt.
Über das Benehmen dir gegenüber
macht man sich weniger Gedanken,
da wird lieber provoziert.

Ich weiß, wie man sich
mit einem Bundeskanzler,
Generaldirektor, Filmschauspieler,
mit einem Arbeitskollegen unterhält.
Aber im Gespräch mit dir
habe ich öfters recht plumpe Manieren.
Natürlich werde ich weder im Auto
noch im Kino auf die Knie sinken.
Aber mein Kreuzzeichen daheim
erinnert oft an hastiges Schlipsbinden.
Und die vor dem Bauch verschränkten Finger
deuten eher auf Magenbeschwerden
als auf seelische Sammlung.

Die würdige Haltung beim Gebet
in der Kirche halten wir oft
für Berufsgymnastik der Kleriker.

Ich weiß, du bist mein Freund.
Bedeutet das aber,
daß ich nachlässiger mit dir umgehe
als mit meinen irdischen Freunden?
Da weiß ich ganz genau,
welche Zurückhaltung und Achtung
ihnen zukommt.
Und sie können an meinem Benehmen
ablesen, wie ich innerlich
zu ihnen stehe.

Lehre mich die rechte Ehrfurcht vor dir,
nicht nur so ganz im Verborgenen,
sondern auch sichtbar.
Denn wem sollte man mehr Ehre erweisen,
als dem Schöpfer und Erlöser?

ZEHNTES KAPITEL

Bitten und Hilferufe

Warum läßt du mich allein?

Warum läßt du mich allein
mit meinen Zweifeln:
an dir und an mir?
Sage mir nicht: Glaube nur!
Das habe ich zu oft gehört.
Kleingläubig bin ich jetzt,
weil ich zu gutgläubig war.
Zuviel hat man mich
zu glauben gelehrt
und einer Prüfung entzogen,
damit ich es glaube.

Laß mich nicht allein
mit meinem Wissen voller Lücken,
voller Irrtümer und Fehler.
Doch sollst du nicht
den Lückenbüßer spielen,
wo mein Wissen versagt.
Du mußt mehr sein
als ein Fragezeichen
mit Heiligenschein
hinter ungelösten Problemen.

Lehre mich glauben.
Aber lehre mich denken
und lehre mich prüfen.
Vor allem: Lehre mich lieben!
Das ist der gerade Weg
zum echten Glauben.

Reicht uns die Hand

Herr, es wird Tag.
Ein Tag steht vor mir,
der mich bangen läßt.
Es ist jemand in Gefahr,
den ich liebe,
für den ich alles geben würde,
dem ich aber nicht helfen kann,
denn ich bin nur ein Mensch.
Ich bin in Angst,
weil ich nur warten kann.
Erst wenn es wieder dunkel wird,
werde ich wissen,
ob die Gefahr vorbei ist.

Herr, du hast diesen Tag werden lassen,
nun mußt du auch helfen.
Schicke uns deine Boten.
Nicht nur die Kinder brauchen Engel.
Auch wir Erwachsene brauchen sie.
Sind wir nicht oft gefährdeter als sie?

Ihr Helfer und Boten Gottes,
seid uns nahe, wenn der Tag beginnt,
wenn wir müde werden,
wenn wir aufgeben wollen,
wenn menschliche Hilfe versagt.

Kommt, reicht uns die Hand,
wir sind oft allein.
Wir haben Angst,
wir sind ja nur Menschen.

Ich weiß, daß viele Theologen
eure Existenz wegdiskutiert haben.
Ich bin nicht gescheiter als sie.
Solltet ihr ganz anders sein,
als wir es uns vorstellen,
dann kommt zu uns
als Menschenboten,
die uns die Hand reichen.
Herr, wenn du selber der Bote bist,
dann reiche uns deine helfende Hand.

Bitte um Geduld

Geduld erbitte ich von dir.
Geduld mit mir und mit den Mitmenschen,
mit der Kirche und der Gesellschaft.

Ich meine nicht tatenloses Abwarten,
mit den Händen im Schoß.
Wenn ich um Geduld bete,
so meine ich Standhaftigkeit,
Beharrlichkeit und Ausdauer.
Um Mühen zu ertragen
und Böses zu überwinden.

Ich will nicht aufgeben,
auch wenn ich immer
wieder versage.
Ich will aber auch nicht versagen
durch jene Ungeduld,
die heute erzwingen will,
was erst morgen möglich ist;
die dadurch oft nur zerstört.

Schenke mir die Tugend der Geduld.
Denn auch du hast Geduld
mit mir und mit uns.
Gib mir die Erkenntnis,
wann Warten zur Schuld wird.
Aber laß mich erkennen,
was heute getan werden muß,
weil es morgen zu spät ist.

Lehre mich hören

Herr, wenn es doch einmal
am Tag ganz still wäre.
Nur eine Viertelstunde erbitte ich,
in der keiner redet,
das Radio schweigt,
kein Auto vorbeibraust.
Wo nur zu hören ist,
wie das Blut in den Adern klopft.

Ich weiß, im Beruf,
in einer Stadt,
als Familienvater
kann ich nicht
ein Schweigen wie im Walde verlangen.
Aber einmal am Tag brauche ich
eine Stillepause. –
Das ist ein ungeschriebenes Menschenrecht.
Wie soll ich sonst
Übersicht über mein Leben haben,
die Herrschaft über meine Nerven bewahren?
Und wie kann ich
ein Gespräch mit dir beginnen?

Es genügt aber nicht,
daß es rundherum still ist.
Auch in mir muß es still werden.

So sollte der Werbefunk
meines Egoismus und meiner
Selbstbemitleidung verstummen.
Damit in mir jene Stille eintritt,
die mich wieder zu mir kommen läßt.
Damit jene Stille wächst,
in der du mir nahe kommen kannst.

Dein leises Wort habe ich oft überhört.
Und manchen Monolog mit mir
habe ich für ein Gebet gehalten.
Er hat mir die Mühe erspart,
auf dich zu lauschen.
Schenke mir ein wenig Ruhe,
etwas Stille, wenigstens einmal am Tag,
damit ich dich wieder höre.

Nur ein Wort

Herr, wie leicht habe ich oft
ein Wort ausgesprochen,
eine Behauptung aufgestellt.
Und wie schwer wiegt oft ein Wort,
es kann zerstören oder heilen.

Herr, ich bemühe mich darum,
die Wahrheit zu sagen und zu schreiben.
Gib mir immer den Mut dazu.
Zur Wahrheit gehört aber auch,
daß ich nichts Wesentliches verschweige,
nichts fortlasse, nichts unterschlage.
Diese volle und ganze Wahrheit
macht mir angst,
denn ich bin nicht allwissend.

Herr, bewahre mich davor,
daß ich durch ein Wort,
eine unvollständige Wahrheit
nach bestem Wissen und Gewissen
Unheil anrichte,
daß ich Menschen
in die falsche Richtung weise.
Laß mich nicht zum Fanatiker werden,
der meint, er müsse
immer und überall alles sagen.
Laß mich erkennen, wo ich reden muß
und wo ich schweigen sollte.

Laß mich wahrhaftig sein aus einer Liebe,
die auch schweigen kann,
auch wenn die Worte auf der Zunge brennen.

Wenn ich Falsches gesagt habe,
dann nimm mir den Stolz,
der nicht zugeben möchte,
daß ich mich geirrt habe,
daß vielleicht mein Gegner im Recht ist.
Hilf, daß mir die Wahrheit
mehr wert ist als mein Stolz,
als mein Besitz,
ja mehr als mein Leben.
Vergib, wenn ich dagegen gesündigt habe.

Ich habe Angst um meine Kinder

Vater, die Angst um meine Kinder
hat viele Augen.
Bewahre sie vor den Greueln des Krieges,
die auch heute Kinder
zu Waisen und Krüppeln machen.

Ich habe Angst, daß meine Kinder
Unrecht, Gewalt und Unfreiheit
für unabänderlich halten.
Laß sie auch von mir lernen,
daß nur jenes Leben einen Sinn hat,
das gegen Unrecht und Unfreiheit
gelebt wird.

Ich habe Angst, daß meine Kinder
die Liebe vergessen könnten,
die Liebe zum Nächsten,
die Liebe zum Partner.
Was heute oft als Liebe angeboten ist,
beschränkt sich oft auf Sexpraktiken
und auf Verhütungsmethoden.
Laß sie erkennen,
daß ein Leben ohne wahre Liebe
unmenschlich ist.

Ich habe Angst, daß meine Kinder
den Glauben verlieren könnten,

daß sie meinen,
mit dem „alten Gott"
sei nichts mehr anzufangen.
Laß sie erkennen,
daß ein Leben ohne dich
einsam und freudlos ist.

Für uns Eltern erbitte ich,
daß wir leben, was wir glauben.
Daß wir liebevoll und glaubwürdig,
selbstkritisch und lernbereit sind.
Die Welt von morgen,
die Welt unserer Kinder
wird die Antwort an uns Eltern sein.

Wenn der Wagen rollt

Es ist angenehm, ein Auto zu haben.
Es muß kein Straßenkreuzer sein,
kein Wohlstandsabzeichen.
Er hilft mir bei der Arbeit,
er bringt mich ins Grüne,
mit meiner Familie.

Laß mich aber nie vergessen:
Wenn der Wagen rollt,
liegt in meiner Hand
nicht nur mein Leben,
sondern auch das Leben aller andern,
die mir begegnen.
Ein Glas zuviel, eine zu lange Nacht,
etwas zuviel Gas, um anzugeben,
kann Menschen verstümmeln und töten.

Herr, erbarme dich aller,
die heute am Rande der Straße sterben,
durch eigene Schuld
oder durch fremde Schuld.
Keiner hat an den Tod gedacht,
als er daheim losfuhr.
Denke ich daran,
wenn ich einsteige?

Leben heißt: Unterwegs sein.
Wenn ich hinter dem Steuer sitze,
spüre ich etwas davon.
Ich weiß nicht, wo einmal
meine Straße enden wird.
Ich weiß auch nicht, wann es sein wird.
Gib, daß ich bereit bin,
wenn das Ende erreicht ist,
wenn ich am Ziel bin.

ELFTES KAPITEL

Ganz einfach: Danke!

Manchmal habe ich um Wunder gebetet

Als Kind habe ich geglaubt,
irgendwann im Leben
würde ich ein Wunder erleben,
eines deiner großen Zeichen,
unübersehbar und gewaltig.
Und manchmal habe ich
in Not darum gebetet.

Du hast mir keinen
hellstrahlenden Engel geschickt,
keine heilende Hand aufgelegt,
die von Schmerzen erlöst.
Und manchmal wollte ich aufgeben.

Du weißt,
warum ich nicht aufgegeben habe.
Wenn ich selber keine Kraft mehr hatte,
ist jemand gekommen
und hat geholfen.
Wenn ich meinte,
niemanden mehr lieben zu können,
ist jemand dagewesen
und hat mir Liebe erwiesen.

Heute weiß ich,
dies sind deine Wunder gewesen.
Menschen hast du mir als Boten,
als Engel geschickt.

Sie kamen nicht im Glanz.
Und ich weiß nicht einmal,
ob sie Christen gewesen sind.

Ich danke dir für diese Zeichen,
für die ich nur eine Erklärung habe:
Du liebst mich.
Eine andere, natürliche
Erklärung habe ich nicht.
Deine Liebe zu uns,
sie ist das große Wunder,
das alle Naturgesetze übersteigt.
Wenn wir diese Liebe
weitergeben würden,
so könnte es das große Zeichen sein,
für jene, die dich nicht kennen.

Schwieriger als Steineklopfen

Lieber Gott, ich danke dir dafür,
daß ich nicht allein bin auf der Welt.
Du hast es dir rechtzeitig überlegt,
daß jeder Mensch einen Gefährten,
eine Gefährtin braucht;
Nachbarn, Kollegen, Mitmenschen,
kurz: den Nächsten.

Ich danke dir, daß es sie gibt:
die Zeitungsfrau, den Briefträger,
den Bäcker, den Arzt, die Verkäuferin.
Sie alle erleichtern mein Leben,
sie sind meine Nächsten.

Herr, ich weiß aber auch,
daß noch andere zu meinen Nächsten gehören:
der ekelhafte Chef,
die klatschsüchtige Nachbarin,
der neidische Kollege,
die zeitraubende Großtante.
Es ist nicht so einfach,
sie alle zu lieben.
Es ist oft schwieriger als Steineklopfen.

Hilf, daß ich mich nicht für besser halte,
daß ich nach ihren Sorgen frage,
ihre Fehler und Vorzüge gegeneinander abwäge,
daß ich ihnen helfe, ihre Last zu tragen.

Du hast gewollt, daß wir nicht nur
die Guten, die Schönen und Klugen anlächeln.
Jesus hat es anders gemacht.
Bin ich selber nicht auch oft
aufdringlich, neugierig, unausstehlich?
Anstrengend für meine Nächsten?

Herr, zu den Nächsten rechnest du aber mehr
als die täglichen Gesichter meines Alltags.
Es gehören viele dazu,
deren Gesicht ich nicht einmal kenne.
Dazu gehören liebenswerte und widerborstige,
schwarze und weiße,
einheimische und fremde Menschen,
Gute und Böse.
Für sie alle bitte ich dich,
sie sind meine Nächsten.

Beseelte Schönheit

Herr, es gibt Christen,
die in jedem schönen Gesicht,
in jedem schönen Menschen
nur eine Versuchung des Bösen sehen.
Ich gehöre nicht zu ihnen.
Ich danke dir,
daß du schöne Menschen geschaffen hast.
Manchmal gehe ich ins Kino,
um diese oder jene Schauspielerin zu sehen.

Ich bin sicher:
Das erste Menschenpaar war schön.
Ihre äußere Schönheit
war Abglanz ihrer Sündelosigkeit.
Darum haben Künstler Adam und Eva,
die Muttergottes immer wieder
in wunderbarer Schönheit dargestellt.
Unterbewußt ersehnen wir,
daß alles, was schön ist,
auch gut sein soll.

Doch geht ein Riß durch die Schöpfung.
Es gibt Verbrecher mit schönem Gesicht.
Es gibt Heilige mit häßlichen Zügen.
Der schöne Leib, das schöne Gesicht
können zur Versuchung werden.
Wir leben nicht mehr im Zustand der Unschuld.

Bewahre uns aber vor der Verketzerung,
die in jedem gutgewachsenen Menschenkind,
in jedem modischen Kleid, in jedem Lippenstift
eine Gefahr für den Glauben sehen.
Laß uns den Leib weder überschätzen
noch zum Sündenköder erniedrigen.
Er ist Tempel des Heiligen Geistes.

Hilf uns, jene innere Schönheit zu pflegen,
die auch einen häßlichen Menschen
von innen durchstrahlen kann.
Laß uns das innere Ebenmaß mehr schätzen
als Züge und Gestalt eines Menschen.
Gib, daß wir Schönheit als Geschenk erleben,
nicht als Versuchung.
Wir leben in der Hoffnung
auf die Schönheit des verklärten Leibes
in der Ewigkeit.

Sie halten sich an der Hand

Herr, ich danke dir für den Mai
mit seinen blühenden Bäumen,
den lauen Abenden und den Liebespaaren.
Sie halten sich an der Hand,
ihre Gesichter sind hell.

Gib all diesen jungen Verliebten
in abendlichen Parks und lauten Discos
die Gnade, sich wirklich zu lieben.
Bewahre sie vor dem Sexrummel
in den Illustrierten und im Fernsehen.
Laß sie erkennen,
daß Liebe nur dann Liebe ist,
wenn jeder den anderen
glücklich machen will,
nicht nur sich selber.

Gib ihnen Geduld und Selbstbeherrschung,
auch den Mut eines Abenteurers.
Denn welches Abenteuer ist größer,
als sein eigenes Leben
mit einem anderen zu teilen?
Liebe auf Zeit mit Abbruchsgarantie
ist keine wahre Liebe.

Herr, wahre Liebe ist Abbild deiner Liebe.
Die eine Hand in der anderen
ist bereits ein Abbild.

In den heiligen Büchern hast du
deine Liebe zu deinem Volk
immer unter dem Bild der Liebe
zwischen Mann und Frau geschildert.
Und jetzt sind wir dein Volk.
Auch die Liebe junger Paare im Maiabend
kann Abbild deiner Liebe sein.
Sie brauchen aber deine Hilfe,
um dauerhaft zu lieben.

Du liebst die Gärten

Ringsum Asphalt, Beton und Glasfassaden,
Banken, Kaufhäuser – eine Stadt.
Mittendrin irgendwo etwas Grün:
Wiesen, Büsche, Bäume,
ein Teich mit Schwänen, ein Stadtgarten.

Danke für dieses Fleckchen Natur,
das unsere Augen und die Seele brauchen.
Wo es grünt und blüht,
wo es welkt und wieder blüht.
Wo Frühling, Sommer, Herbst und Winter
noch sichtbar und lebendig sind.

Dort können wir noch den Kreislauf
der Natur und des Lebens spüren:
das leise Werden und Wachsen,
das Fruchtbringen und das Vergehen.
Hier finden wir Erholung,
Ruhe und Besinnung.

Himmlischer Vater, du liebst die Gärten.
Den ersten und schönsten Garten
hast du erdacht und angelegt:
Es war das Paradies.
Du hast seine Wege gezogen,
seine Blumen gepflanzt,
seine Tiere gewählt – für uns Menschen.

In deinem Auftrag sollten wir
die Natur hegen, veredeln und lenken.
Die ganze Erde sollte ein Paradies bleiben.
Doch es ging verloren.
War es nur die Schuld der Stammeltern?
Oder ist es auch unsere Schuld?

Zurück blieb die ständige Sehnsucht
nach dem Paradiesgarten.
Du hast dem Seher Johannes den Himmel
als herrliche Gartenstadt gezeigt,
wo der Baum des Lebens in Alleen wächst,
wo es kein Welken und keinen Tod mehr gibt.

Laß uns jedes umhegte
und gepflegte Stückchen Erde
eine Mahnung dafür sein,
daß du uns die Erde anvertraut hast,
als die Hoffnung auf das ewige Paradies.

Das wunderbare Geschenk

Herr, eines deiner wunderbarsten Geschenke
ist die Hoffnung.
Wie oft hätten wir schon aufgegeben,
auf den Irrwegen des Lebens,
den Schnellstraßen der Geschichte,
ohne diese eiserne Ration deiner Liebe.

Du schufst
allein für uns Menschen
zusammen mit der Zeit
die Hoffnung.
Immer wieder zwischen Ruinen und Toten,
zwischen Schicksalsschlägen und Enttäuschungen
blasen wir Menschen
aus einem glimmenden Docht
die Hoffnung auf eine bessere Zeit,
auf ein besseres Leben, auf bessere Menschen.
Wer nicht mehr hoffen kann,
dessen Seele hat sich zum Sterben gelegt.

Herr, unserem Dank muß die Bitte folgen:
Laß unser Hoffen nicht
zur Beruhigungspille werden,
zum Ersatz für die Tat.
Denn dein Wille ist es,
daß gerade die Hoffnung
uns zu neuem Anfang ermuntert.

Moderne Kritiker und Regisseure,
Romanschreiber und auch Politiker
lieben düstere Farben,
hoffnungslose Szenarien.
Ich weiß nicht,
welche Menschen ärmer sind:
Die ohne Glauben?
Oder die ohne Liebe?
Oder die ohne Hoffnung?

Bewahre uns vor den Predigern
der Hoffnungslosigkeit.
Für sie ist das Leben
ein Kreislauf der Sinnlosigkeit.
Uns Christen hast du
die Grenzen der Hoffnung
erst in der Ewigkeit gezogen.
Denn wir hoffen nicht nur
auf bessere Zeiten und Menschen.
Wir setzen unsere Hoffnung auch
auf das Leben nach dem Tod,
bei dir.

Lehre mich danken

Herr, unser Leben
ist ein Geben und Empfangen,
ist ein Bitten und Danken.
Schon die Kinder bekommen beigebracht,
nicht nur „bitte",
sondern auch „danke" zu sagen.
Unser Danken ist oft zu Formeln erstarrt:
in der Familie, im Freundeskreis,
im Geschäftsleben.
Und oft auch im Dank an dich.

Meist ist mein Gebet
ein Bittgesuch oder eine Beschwerde.
Wir erinnern dich daran,
daß du mit unserem Eintritt ins Leben
eigentlich auch die Pflicht hast,
für unser Glück zu sorgen.
Wobei wir unter Glück meist
handfeste irdische Dinge verstehen.

Wir haben verlernt,
uns über die kleinen Dinge des Alltags
zu freuen und dafür zu danken:
für das Lächeln eines Kindes,
für ein gutes Gespräch,
für ein gutes Buch.
Wir übersehen sie,
weil wir auf ein Fernsehglück warten
oder auf einen Lottogewinn.

So verspüren wir keine Ursache,
um zu danken.
Und wir verdoppeln
unsere Bitten an dich.

Herr, es gibt viele Menschen,
die auch kleine Freuden entbehren müssen:
Kranke, die ans Bett gefesselt sind,
Verlassene, Einsame, Heimatlose.
Wofür sollen sie danken?
Hier kannst nur du die Antwort geben.
Denn du liebst sie,
du hast sie erlöst,
du willst sie begleiten.

ZWÖLFTES KAPITEL

Unsere Welt ist deine Welt

Verantwortung heißt auch Risiko

Herr, ich bitte um den Mut,
Verantwortung zu übernehmen.
Ich meine Verantwortung in einem Bereich,
der jenseits meiner bürgerlichen Pflichten liegt.
Christsein bedeutet doch,
daß ich mich für mehr verantwortlich fühle,
als Beruf und Familie von mir verlangen.

Dieser Bereich jenseits meiner Pflichten
ist riesig groß und unsicher.
Ich bin weder Fachmann für Afrika
noch Experte in der Wirtschaft,
noch Sexualpädagoge.
Trotzdem fühle ich mich mitverantwortlich.
Denn es sterben Menschen,
es gibt Millionen Arbeitslose,
es werden Kinder geschändet.

Herr, ich weiß, wie schnell ich irren kann.
Und in den heiligen Schriften
stehen keine Spezialrezepte.
So lautet meine erste Bitte:
Hilf mir, das Rechte zu erkennen.
Meine zweite Bitte ist: Gib mir den Mut,
für das als richtig Erkannte einzutreten.

Verantwortung zu übernehmen,
ist zugleich ein Risiko.

Ich kann mich irren,
Irrtum kann Unheil bringen.
So lautet meine dritte Bitte:
Bewahre mich vor Schuld.
Bewahre mich davor,
mit bestem Wissen und Gewissen
für etwas Falsches einzutreten.

Du hast das Gespräch gewollt

Herr, du hast uns die Sprache
nicht nur gegeben,
daß wir Laute ausstoßen,
wenn uns Gefahr droht,
wenn wir etwas haben wollen.
Du hast die Sprache an den Beginn
der Menschheitsgeschichte gestellt,
als ein Zeichen der Gemeinschaft.

Ich bekenne, dein Geschenk der Rede
oft mißbraucht zu haben,
ohne Bereitschaft zum Hören.

Du wolltest, daß wir uns
im Gespräch öffnen,
nicht nur unsere Wünsche ausbreiten,
sondern auch aufnehmen,
was andere berichten oder klagen.
Jesus hat das Gespräch gesucht,
hat Fragen angehört und geantwortet.
Er hat die Menschen gelehrt,
im Gespräch mit dir zu bleiben.

Herr, lehre uns das echte Gespräch,
nicht nur das Gespräch
von Geschäftsmann zu Geschäftsmann,
von Politiker zu Politiker,
von Journalist und Interviewpartner.

Es ist so oft durch Formeln abgefälscht,
von Eigenwerbung durchsetzt,
mit Plattheiten und Lügen versehen.
Lehre uns wieder ein echtes Gespräch,
von Mensch zu Mensch,
vom Geliebten zur Geliebten.

Lehre uns das Gespräch,
das ein Geben und Nehmen zugleich ist.
Es kann sogar ein Gespräch
ohne Worte sein.
Denn es gibt auch eine Sprache
des Herzens,
die lautlos, aber sehr verständlich ist.

Schicke ihnen einen Fremdenführer

Jedes Jahr schwärmen
Millionen Touristen aus.
Sie steigen auf die Akropolis,
gehen in den Louvre,
besuchen den Petersdom.
Sie bewundern Ikonen in der Tretjakow-Galerie.
Gib, unser Gott,
daß sie das Staunen lernen,
daß aus dem Staunen ein Nachdenken wird
und daraus vielleicht ein Gebet.

Laß sie nachdenklich werden,
daß über Jahrhunderte hinweg
Menschen Tempel und Kirchen
gebaut haben,
daß Gotteshäuser Mittelpunkte
ihres Lebens waren.

Schicke ihnen einen Fremdenführer,
der daran erinnert,
daß unsere moderne Welt
auf den Schultern jener steht,
die vor uns gelebt und gebetet haben.
Laß sie einsehen,
daß es Kunstwerke und Leistungen gibt,
die bis heute unübertroffen sind.

Vielleicht werden sie dann
ein wenig demütig.
Vielleicht finden sie
Worte der Bewunderung.
Vielleicht Worte für ein Gebet.

Warum sollte man nicht ein Gebet sprechen
auf der Akropolis, im Petersdom,
vor den Pyramiden, im Kreml?
Auch im Weltraum ist schon gebetet worden.

Gastfreundschaft

Die Nachbarn sind sich fremd.
Die Gemeindemitglieder treffen
sich oft nur beim Gottesdienst.
Der Betriebsausflug
ist oft nur noch Pflichtübung.
Und manche Einladungen dienen
nur der Selbstdarstellung.

Mein Gott, schenke mir
Freunde und Bekannte,
Mitarbeiter und Kollegen,
mit denen ich gerne
freie Stunden verbringe.
Schenke mir Gäste,
deren Gespräche mich froh machen.

Schenke mir Gastfreundschaft
als Ausdruck der Zuneigung.
Kommunikation und Kommunion
haben dieselbe Wortwurzel.
Du hast immer wieder
das gemeinsame Mahl
als Zeichen deiner Liebe gewählt.
Sei du unser Gast.

Du kennst mich

Du allein kennst mich, Herr,
besser als ich mich kenne.
Du kennst meine Gedanken,
meine Worte, Wege und Taten.
Du umgibst mich,
in deiner Hand bin ich.

Wohin ich auch gehe,
überall treffe ich auf dich,
auf allen meinen Wegen,
am Tag und in der Nacht.
Immer ist deine Hand ausgestreckt,
daß ich sie ergreife.

Denn ich bin dein.
Du hast mich geschaffen.
Tage und Wege des Lebens
hast du mir zugeteilt,
daß ich auf dich treffe,
wenn sie zu Ende gehen.

(Nach Psalm 139)

Nur eine Stimme habe ich

Nur eine Stimme habe ich,
und die ist leise unter vielen.
Wenn nur die Mehrheit zählt,
dann bin ich schon verloren.

Du aber, Jesus Christus,
hast uns versprochen,
daß du uns Mund und Ohr
sein wirst in jeder Not.

Zähle du zusammen
all die Stimmen,
die zu dir rufen:
Unser Gott!

Und lehre uns von neuem
deine Liebe,
damit wir vor dich bringen
die ganze Not der Welt.

Denn jeder Mensch,
der leidet, hungert und stirbt,
das sind wir alle,
das ist auch meine Not.

Sprich du zu uns
und reich uns deine Hand.
Denn deine Welt,
das ist auch unsre Welt.

Sie ist so krank
und hilfsbedürftig,
wie wir selber sind.
Drum höre meine Stimme!

Ehre sei Gott

Ehre sei dir,
dem Vater, dem Sohn,
dem Heiligen Geist,
nicht nur in Gottesdiensten,
Prozessionen und Liedern.

Ehre sei dem Vater
in seiner Schöpfung:
in der Sonne, dem Meer,
den Spatzen, dem Wein!
Ehre sei dem Vater auch
in allem, was Menschen gemacht:
in den Maschinen, den Flugzeugen,
den Computern, den Kopfschmerztabletten.

Ehre sei dem Sohn:
im Zeichen des Mahles,
der Heilung, des Kreuzes.
Ehre sei dem Sohn
in allem, was Menschen tun,
um Kranke zu heilen,
um Hunger zu stillen,
um Frieden zu schaffen.

Ehre sei dem Heiligen Geist:
durch Wahrheit und Klugheit,
Gerechtigkeit und Tapferkeit!
Ehre sei dem Heiligen Geist

durch jeden Menschen,
der lehrt und der tröstet,
der Verantwortung trägt,
der den Nächsten liebt.

Ehre sei dem einen Gott
in drei Personen:
in jeder Freundschaft,
in jeder Familie,
in jeder Gesellschaft,
in jedem Volk,
in jeder Kultur!